KB069416

빛의 얼굴들

빛의 얼굴들
빛을 조명하는 네 가지 인문적 시선

발행일
2021년 11월 20일 초판 1쇄
2024년 2월 10일 초판 4쇄

지은이 | 조수민
펴낸이 | 정무영, 정상준
펴낸곳 | (주)을유문화사
창립일 | 1945년 12월 1일
주소 | 서울시 마포구 서교동 469-48
전화 | 02-733-8153
팩스 | 02-732-9154
홈페이지 | www.eulyoo.co.kr

ISBN 978-89-324-7456-4 03300

빛을 조명하는
네 가지
인문적 시선

빛의 얼굴들

조수민 지음

을유문화사

일러두기

1. 인명이나 지명은 국립국어원의 외래어 표기법을 따랐습니다. 단, 일부 굳어진 명칭은 일반적으로 사용하는 명칭을 사용했습니다.
2. 도서나 잡지 등은 『 』로, 미술 작품명은 「 」로, 영화나 TV 프로그램명은 〈 〉로 표기하였습니다.
3. 본문 이해를 돕는 주석은 편집자가 쓰고, 저자가 감수 및 보완하였습니다.
4. 참고 문헌은 별(★)로 표기해 구분했고, 본문 뒤 '참고 문헌'에 출처를 밝혔습니다.

우리의
더 나은 삶을 위한
빛 이야기

많은 사람이 '조명이 중요하다'고 말합니다. 하지만 정작 우리가 어떤 빛 속에서 살아가는지, 또 어떤 빛을 만들며 살아가야 하는지에 대해 쉽고 재미있게 이야기하는 책을 찾기는 쉽지 않습니다. 딱딱한 이론서, 또는 어딘가 거리감이 있는 번역서가 아닌, 우리가 사는 환경의 '좋은 빛'에 대해 누군가 제대로 이야기해 줬으면 하는 마음이 생겼습니다.

우리는 늘 빛 속에 살아가기에 그 존재를 잊고 살아갑니다. 하지만 조금만 관심을 가지면 사실 우리가 보는 모든 것이 빛이었다는 걸 깨닫게 됩니다. 미국 예일대학교의 교수이자 조명디자이너인 제니퍼 팁턴Jennifer Tipton은 "사람들의 99퍼센트는 빛을 의식하지 못하지만, 100퍼센트는 빛에 의해 영향을 받는다"고 말한 것처럼 우리는 빛을 별로 의식하며 살지 않지만, 빛의 영향을 받고 있습니다. 이 글을 읽고 있는 바로 이 순간에도 우리의 주변에는 수많은 빛이 끊임없이 반사하고 투과하고 굴절하고 산란하여 우리가 사는 세상을 가득 채우고 있습니다. 그리고 그 수많은 빛 중 우리의 눈으로 향해 날아오는 빛으로 글을, 사물을, 세상을 인지하며 살아갑니다.

음질이나 음향을 배제하고 스피커의 형태와 재질, 브랜드만 따져서는 좋은 음악을 들을 수 없습니다. 조명도 마찬가지입니다. 빛을 논하

들어가는 글

지 않고 조명의 형태나 재질만 생각한다면 좋은 빛을 가진 공간을 마주하기 어려울 것입니다. 여기에 필요한 빛은 어떤 것인가에 대한 꾸준한 고민이 있을 때, 비로소 우리의 더 나은 삶을 위한 빛과 공간이 만들어지리라 생각합니다.

우리가 가지고 있는 빛에 대한 오해들을 풀고, 빛의 존재와 그 속에 사는 사람에 대한 이해가 바탕이 될 때, 우리의 공간과 삶 그리고 사회가 어떻게 더 풍요로워질 수 있는지 이 책을 통해 이야기하고자 합니다.

이 책이 빛에 관심 갖는 사람들의 입문서가 되기를, '보는' 행위를 하는 사람이라면 누구나 관심 가질 수 있는 빛의 존재를 다시 한번 생각하게 하는 책이 되기를 바랍니다. 또 그를 통해 각자 살아가는 공간의 빛이 더 좋은 빛으로 바뀌며, 나아가 우리가 사는 곳이 좀 더 좋은 빛들로 가득한 세상이 되기를 꿈꿉니다.

제 글을 앞서 읽고 공감과 응원해 주셨던 분들과 책이 나오기까지 많은 도움을 주신 김경민 편집장님, 사랑하는 가족들, 무엇보다 함께한 여행지에서 책에 실은 멋진 사진들을 찍어 주고 늘 옆에서 응원해 준 아내에게 감사의 마음을 전합니다.

차례

1. 빛에 대한 오해들

우 리 는
사 과 를
볼 수 없 다

여기에 사과가 있다.

눈앞의 사과는 동그란 형태를 하고 있다. 윗부분은 마치 사람의 어깨처럼 넓고 탄탄하게 균형 잡힌 모습이며, 아래로 내려갈수록 날렵하게 그 형태가 좁아진다. 표면은 동화책에서나 나올 것 같은 매혹적이고 강한 빨간색이다. 약간의 물기와 함께 반들반들 윤이 나는 표면은 당장 한 입 베어 물면 아삭하는 소리가 날 것만 같다. 그렇게 우리는 사과를 본다. 하지만 우리는 사과를 보는 것이 아니다.

우리는 흔히 '사물을 본다'라는 표현을 사용한다. 하지만 아주 엄밀히 말하면 우리는 사물을 볼 수 없다. 그저 사물을 맞고 튕겨 나오는 빛을 눈으로 감지할 뿐이다. 이것이 뚱딴지같은 소리 혹은 말장난으로 느껴질 수도 있겠지만, 적어도 빛의 성질과 사람의 감각기관을 바탕으로 보면 이는 사실이다.

아무것도 없는 방 한가운데 사과가 하나 놓여 있다. 당신은 사과를 보고 있다. 시선을 그곳에 두고 있기에 나는 사과를 '보고' 있다고 생각한다. 그 관계를 사과와 나 둘만의 관계라 인식하고서. 그런 당신에게 "나는 사과를 본다"라는 표현 속에는 다음의 두 개체(사과와 나)만 존재한다.

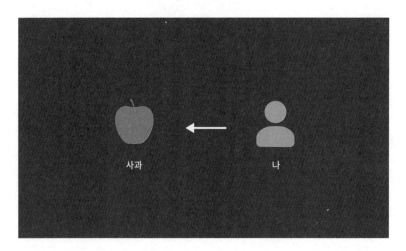

사과(사물) — 사람(시각)

그렇게 사과를 유심히 보던 중, 갑자기 방에 불이 꺼지고 눈앞은 칠흑같이 어두워졌다. 당신의 시선도 여전히 사과를 향해 있으며 사과도 그 자리에 그대로 있다. 하지만 사과는 더 이상 우리 눈에 '보이지' 않는다. 그제야 당신은 깨닫는다. 사과와 나 사이에 '빛'이 존재했었다는 걸.

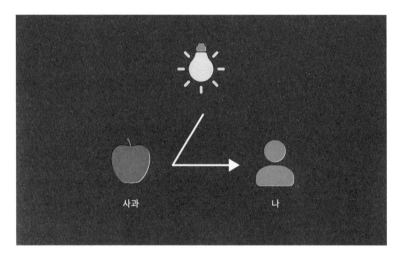

사과(사물) － 빛(조명) － 사람(시각)

어두컴컴한 방에서는 사과를 볼 수 없다. 빛이 있었기에 그동안 우리에게 사과가 '보인' 것이지 '본' 것이 아니다. 우리는 이를 통해 시각은 능동적이기보다 수동적인 감각기관에 가깝다는 것을 알 수 있다. 우리는 빛 없이 아무것도 볼 수 없다.

빛에 대한 오해들

사물은 '보이는' 것이지 '보는' 것이 아니다. 시각에서 능동의 의미를 가진 '보다'라는 동사를 사용하는 것은 우리가 사물 방향으로 자유롭게 시선을 옮길 수 있기 때문에 발생하는 착각이라 할 수 있다. 사과가 있는 방향을 향해 고개를 돌리고 시선을 옮기는 것은 능동적인 행위의 영역에 들어가지만, 어디선가 출발한 빛이 사물을 맞고 반사해 내 눈 속으로 들어오는 일련의 시각 과정은 수동적인 행위에 가깝다. 이러한 차이로 인해 빛과 시각의 인지 과정에 대해 잘 모르던 옛날 사람들은 보는 행위를 눈에서 레이저 같은 보이지 않는 존재가 나와 사물의 표면을 더듬듯이 감지하는 거라고 착각하기도 했다. 마치 우리가 손을 내밀어 사과를 잡는 것처럼.

청각기관은 시각기관과 거의 비슷한 수동적인 감각기관이다. 하지만 감각기관을 내 마음대로 움직일 수 없다는 차이가 있다. 이 때문에 우리는 수동적 표현인 '들린다'라는 말이 어색하지 않다. 또한 대상 그대로가 아니라 소리라는 매개체를 통해 인지한다는 것 또한 더욱 잘 인지하고 있다. '폭포를 들었다' 또는 '바이올린을 들었다'라고 하지 않고, '폭포 소리가 들린다', '바이올린 연주를 들었다'라고 표현하는 것이 더 정확하고 어색하지 않다. 빛도 마찬가지다. 아주 엄밀히 얘기하자면 우리는 사과를 보는 것이 아니라 사과를 맞고 튕겨 나오는 빛을 볼 뿐이다. 그렇다면 앞으로 우리는 사과를 앞에 두고 이렇게 말해야 할지도 모른다. "사과에 반사된 태양 빛이 보인다."

우리에게 빛이, 조명이 중요한 이유는 여기에서 출발한다. 우리가 보는 모든 것은 대상이 아닌, 어디서부터인가 출발한 빛이기 때문이

1억 5천만 킬로미터 거리의
태양에서 출발한 빛이
대기권을 거쳐 주방 옆 창문을 통과해
식탁 위 사과에 맞고 반사되어
우리의 눈 안으로 들어왔다.

빛에 대한 오해들

다. 대상을 비추고 있는 빛에 따라 우리가 보는 대상이 달라 보이는 이유이기도 하다. 빛이 상하좌우 어디에서 비추는지에 따라, 빛의 색이 무엇인가에 따라, 얼마만큼의 빛이 비치느냐에 따라 우리가 보는 대상은 다른 모습을 보인다. 대상은 전혀 변하지 않는데도 말이다.

좋은 공간, 고급스러운 마감, 멋진 가구와 제품이 있다 하더라도 어떠한 빛을 통해 우리가 그것들을 마주하느냐에 따라 대상은 전혀 다른 느낌으로 다가온다. 왜 남들이 좋다는 도시에 여행을 갔는데 나에게는 감동이 없었을까, 왜 똑같은 구조인데 이웃집과 우리 집은 느낌이 다를까, 왜 매장에서 본 멋진 가구와 제품이 우리 집에만 오면 평범해 보일까. 어쩌면 이런 질문들의 근본적인 문제는 빛에 있을지도 모른다. 다 갖춘 것 같지만 어딘가 아쉬웠던 것에 대한 해결 방법을 찾지 못했던 문제들은 대부분 마지막으로 조명이 해결될 때 완성된다. 그것이 공간이든, 사물이든, 한 장의 셀카든 말이다. 빛을 통해 달라진 이미지를 보며 우리는 익히 들어 왔던 한마디를 던진다. "그 봐, 다 조명 빨이야."라고. 나는 그 말을 조금 더 고급스럽게 하고 싶다. "결국, 눈에 보이는 모든 것은 빛이다."라고.

우리가 빛에 관심을 가져야 하는 이유는 너무나도 명확하다. 눈으로 보는 모든 것이 사물과 공간이기 이전에 '빛'이기 때문이다. 눈을 감고 가장 아름다웠다고 기억되는 장면을 떠올려 보자. 그것이 경이로운 자연의 모습이건, 놀라운 인류의 도시와 건축물의 모습이건, 사랑하는 사람의 얼굴이건 간에 우리가 기억하는 모든 것은 결국 '빛'이다. 태양과 푸른 하늘의 자연광부터, 커튼을 지나 집 안에 퍼지는 빛, 요리하는 주방의 조명과 침실의 조명, 책상 위 조그마한 스탠드 조명의 빛, 신호등과 간판의 불빛, 미술관과 공연장의 조명에 이르기까지 빛은 우리가 사는 공간 속에서 끊임없이 반사하고 굴절하고 산란하며 세상을 가득 채운다.

앞으로의 이야기를 통해 빛은 어떠한 특성을 갖고 있는지, 자연의 빛과 인류의 빛은 각기 어떤 모습을 하고 있는지, 우리는 빛을 어떻게 받아들이고 인지하는지, 그리고 우리에게 더 좋은 빛은 어떤 빛인지 생각해 보고자 한다. 빛이라는 새로운 관점으로 세상을 바라보고 공간을 채워 나간다면, 우리의 삶과 보는 모든 행위는 보다 풍성하고 아름다워질 것이다.

빛에 대한 오해들

빛 은 우 리 에 게
옆 모 습 을
보 여 주 지 않 는 다

대학 시절에 재미있는 선배가 한 명 있었다. 정면에서 보는 자기 얼굴이 자신 있었던 그 선배는 결코 옆모습으로 사진 찍히지 않기로 유명했다. 선배는 늘 카메라가 다가오면 기가 막히게 카메라를 향해 얼굴을 돌려 한결같은 미소를 지으며 정면으로 사진을 찍었다. 주변 사람들은 그 어떤 상황에도 정확한 앞모습만을 남긴 선배의 수많은 사진을 보면서, 사진 속 선배의 옆모습을 본 사람은 한 명도 없을 거라며 한참을 웃었던 기억이 난다.

빛은 직진한다. 광원으로부터 출발한 빛은 한 방향으로 직선을 그리며 나아간다. 그리고 그러한 빛의 이동 과정을 우리의 시각은 인지할 수 없다. 우리가 인지하는 빛은 오로지 우리 눈을 향해 정면으로 다가오는 빛뿐이다. 빛은 우리에게 옆모습을 보여 주지 않는다. 처음 이 말을 들으면 의아하게 생각할 수 있다. 왜냐하면 빛이 한 방향으로 뻗어 나가는 옆모습을 본 기억이 있기 때문이다. 비가 갤 때 구름 사이에서 쏟아져 내리는 햇빛을 본 적이 있을 거고, 안개 낀 새벽 자동차 헤드라이트에서 뻗어 나오는 빛을 보았으며, 공연장에서 사방으로 펼쳐지며 움직이는 형형색색의 빛줄기들을 본 적이 있기 때문이다. 이 밖에도 우리의 일상에서 빛줄기를 관찰할 수 있는 경우는 많다. 우리 기억 속에 수많은 빛줄기가 존재하는데 왜 우리는 빛의 옆모습을 볼 수 없다고 말하는 걸까?

구름 속에서 쏟아지는 수많은 빛줄기가
빛의 옆모습으로 느껴진다.

빛에 대한 오해들

우주가 캄캄한 이유는
빛이 없기 때문이 아니라
반사할 대상이 없기 때문이다.

엄밀히 말하면 우리가 봐 왔던 빛줄기는 빛의 옆모습이 아니다. 우리가 보는 모든 것은 눈을 향해 정면으로 다가오는 빛의 앞모습이다. 만약 모든 빛의 옆모습이 관찰된다면 여기저기서 쏟아지고 반사되는 빛줄기들로 인해 눈앞이 온통 하얀색으로 가득 찰지도 모른다. 그동안 우리가 봐 왔던 아름다운 빛줄기는 빛이 나아가다 공기 중의 수증기, 먼지 등에 맞아 반사된 빛이다. 사방으로 반사되는 빛 중에 정확히 우리의 눈을 향해 '정면으로' 날아오는 빛만을 감지한 결과다. 만약 공기 중 반사할 수증기나 먼지 등이 없다면 우리는 빛이 어딘가에 도착해 반사되기 전까지 아무것도 볼 수 없다. 광활한 우주 공간에 태양 빛을 포함한 수많은 빛이 이동하고 있지만, 캄캄한 모습을 보이는 것은 이와 같은 이유에서 발생하는 현상이다.

'우리는 사과를 볼 수 없다' 편에서 설명했던 것처럼, 우리는 먼지가 아닌 먼지에 맞은 빛을 본다. (재미있는 사실은 사과의 경우에는 빛이 아니라 사과를 본다고 생각하지만, 이 경우에는 먼지의 존재를 잊은 채 보고 있는 것이 빛이라고 인지한 것이다.) 이렇게 공중에 떠 있는 수증기 혹은 먼지들 중에 빛의 이동 구간에 있는 대상만이 빛을 받아 밝게 빛나고, 그 빛이 하나의 줄기를 형성해 우리는 마치 빛이 지나가는 옆모습을 보고 있는 것 같은 착각을 하게 된다. 하지만 우리가 보는 빛줄기도 결국은 우리를 향해 날아온 앞모습의 나열이다. 빛의 형태를 보여 주고자 하는 공연장이나 전시 공간에서는 이러한 효과를 내기 위해 연무기(fog machine) 등을 사용해 일부러 안개를 만들기도 한다. 이렇게 피어오르는 수증기, 촘촘히 떨어지는 물방울, 공중에 걸린 그물 같은 반사체는 빛으로 그리는 예술 작품을 만드는 좋은 소

빛에 대한 오해들

우리가 봐 왔던 빛줄기의 실체.

이 책을 읽은 분은
이제 빛줄기를 보면
'오 반짝이는 먼지들!'이라고
소리칠지도 모르겠다.

재가 되기도 한다.

잠시 글에서 눈을 떼고 주변을 한 바퀴 둘러보자. 지금 내 눈에 담기는 모든 빛은 정확하게 내 눈을 향해 날아오는 빛의 앞모습들의 결과다. 광원에서 출발한 빛은 주변의 물체들을 맞고 사방으로 반사되며 (아무리 강한 햇빛이 실내에 쏟아진다 하더라도, 먼지 없는 깨끗한 환경에서 우리는 그 어떤 빛줄기도 발견할 수 없다), 우리는 그중 내 눈을 향해 정면으로 날아오는 빛만 감지한다. 자신의 옆모습이 찍히는 것을 절대로 허락하지 않는, 빛은 한편으로 참 도도한 존재다.

눈에 보이는 모든 것은 빛이다. 그리고 우리는 눈을 향해 정면으로 날아오는 빛의 앞모습만 감지한다. 그렇기에 우리 앞에 놓인 사과는 같더라도 어떤 빛이 어디서 날아오는지, 또 그 빛을 어디서 받아들이는지에 따라 하나의 사과는 수백, 수천 아니 셀 수 없을 만큼 다양한 모습으로 존재한다. 같은 공간에서, 심지어 바로 옆자리에 있다 하더라도 나와 내 옆 사람이 바라보는 빛은 전혀 다를 수 있다.
　우리가 보는 세상이란 건 그러하다. 본다는 것은 그렇게 상대적이며 매우 불완전하고 연약한 감각이다. 하지만 반대로 그래서 빛은 어떻게 사용하는지에 따라 사람들에게 전혀 다른 모습을 보여 줄 수 있는 가장 멋진 도구가 되기도 한다. 그렇기 때문에 빛은 어디에서 출발하는가, 나는 어디에서 있는가, 어디를 바라보는가, 상대는 어디를 바라보는가, 우리가 대하는 대상과 공간이 어떤 모습으로 존재하는가 같은 질문들은 빛과 공간 그리고 우리가 보는, 느끼며 살아가는 모든 것을 이해하는 기초가 된다.

아무리 선명한 빛이라도
공기 중 다른 반사체가 없다면
빛줄기는 보이지 않는다.

빛 이 라 는
물 감

회사에서의 하루하루가 전쟁터처럼 느껴지던 어느 날, 취미를 가져야겠다고 생각했다. 반드시 잘해야 하는 일들만이 내 삶을 덮고 있어서, 꼭 잘하지 않아도 상관없는 일을 하고 싶었다. 몇 가지 취미를 고민하다 대학 입시 때 열심히 했던 수채화를 다시 그려 보기로 마음먹었다. 나는 곧장 수채화 도구들을 사기 위해 화방으로 향했다. 내게 화방은 설렘이 있는 공간이다. 서점이 빼곡히 글과 그림이 채워져 있는 종이를 파는 곳이라면, 화방은 앞으로 무언가가 그려질 빈 종이를 파는 곳이다. 또한 빈 종이를 채울 수 있는 연필, 다양한 색의 물감과 붓 등이 가득한 곳이다. 가능성을 파는 곳이라는 관점으로 보면 서점보다는 화방이 한 수 위일 것이다.

나는 수채화용 고체 물감 팔레트가 있는 곳으로 향했다. 크기는 아기자기하지만 가격은 아기자기하지 않은, 고급스러운 패키지와 색깔의 물감 팔레트들이 진열되어 있었다. 작게는 12색부터 24색과 48색, 많게는 100여 가지의 색까지 다양한 종류의 팔레트가 있었다. 마음 같아서는 36색 물감을 사고 싶었지만, 이 취미가 얼마나 유지될지에 대한 확신이 없던 터라 가장 적은 12색 물감을 집어 들었다. 역시 고체 물감은 어디에나 들고 다닐 수 있도록 간소한 걸 사는 것이 맞는다는 자기 위안과 함께. (물론 구매 후 팔레트를 가지고 집 바깥으로 다니는 일은 일어나지 않았다.) 오랜만의 그림은 매우 즐거웠다. 집에 있던 맥주병을 시작으로 커피포트, 바나나, 딸기 등 보이는 것

빛에 대한 오해들

을 그려 나갔다. 못했다고 혼내는 사람도 없고 실망할 사람도 없었다. 스스로가 대견했다. 입시 때도 해 본 적 없던 '오직 나를 위해 그리는 그림'이 그렇게 좋을 수가 없었다.

하지만 그림을 계속 그려 나가면서 나의 그림들이 실제 대상에 비해 어딘가 부족한 색감을 가지고 있음이 느껴지기 시작했다. 사과도 토마토도 딸기도 각기 나름의 아름다운 빨간색을 가지고 있지만, 내가 가진 12색의 물감으로는 모두 한 가지의 빨간색으로밖에 칠할 수 없었다. 기본색이 적다 보니 섞어서 색을 만드는 데도 한계가 있었다. 내가 가진 팔레트의 색이 훨씬 더 다양하다면 훨씬 풍성한 그림을 그릴 수 있었을 텐데…… 하는 아쉬움이 남았다.

물체는 색을 가지고 있지 않다. 빨간 사과는 빨간색을 가지고 있지 않고, 노란 바나나도 노란색을 가지고 있지 않다. 심지어 우리가 사용하는 아름다운 색의 물감마저도 그 자신이 색을 가지고 있는 것이 아니다. 물체는 일정한 색의 빛을 흡수하고, 일정한 색의 빛을 반사하는 '성질'만 가질 뿐, 우리가 보는 모든 색은 빛으로부터 나온다. 마치 우리가 팔레트가 가진 색 안에서만 그림을 그릴 수 있듯이 우리가 보는 대상의 색은 같은 대상이라도 비추는 빛이 어떠한 색을 품고 있느냐에 따라 결정된다.

빛은 여러 색이 합쳐질수록 하얀색에 가까워진다. 학창 시절 어렴풋이 가산 혼합과 감산 혼합을 구분하기 위해 노력해 본 기억이 있을 것이다. 실제로 우리가 보는 하얀빛은 여러 색의 빛이 섞여서 만들어진

장인은 도구를 탓하지 않는다지만,
내가 가진 12색의 팔레트로는
대상의 미묘한 색의 차이를 표현하는 데
분명 한계가 있었다.

빛에 대한 오해들

결과물이다. 17세기에 뉴턴은 프리즘을 통해 하얀빛을 여러 색의 빛으로 나누고 또다시 모으면서 이러한 빛의 성질을 발견했다. 이처럼 각기 다양한 색을 품은 빛은 어떤 물체의 표면에 닿아 일부는 흡수하고, 일부는 반사한다. 그리고 우리는 그중 반사한 빛의 합을 대상이 가진 '색'이라 인지한다. 하지만 겉보기에 하얀색이라고 해서 모두가 동일한 빛을 품고 있는 것은 아니다. 백색의 빛은 저마다 품고 있는 색의 종류와 범위가 다르다. 12색 팔레트도, 100가지 색의 팔레트도, 모든 물감을 섞었을 때는 비슷한 검은색으로 보이는 것과 같은 이치다.

'단색광'이라는 조명이 있다. 가시광선 중에서도 특정 파장의 빛만 내는 조명을 말한다. 과거 가로등 또는 터널 조명에 주로 사용됐던 나트륨등이 대표적인 예인데, 이 나트륨등은 오렌지색 같은 노란 계열의 한 가지 빛만 방출한다. 때문에 나트륨등이 켜진 터널 속에서는 색을 구분할 수 없다. 모든 대상이 노란색으로만 보이기 때문이다. 이는 마치 오렌지색 물감 하나만 가지고 그린 그림과 같다.

현대미술가 올라퍼 엘리아슨Olafur Eliasson은 빛을 사용해 작품을 만드는 것으로 유명하다. 그중에 특히 단색광을 사용한 작품이 많은데, 영상을 통해 접해 볼 수 있는 작품 중 하나를 소개하고자 한다. 노란 조명이 켜져 있는 방이 있고, 작가가 서 있는 뒤쪽 벽면에는 흑백의 면으로 액자들이 촘촘히 걸려 있다. 액자를 바라보던 작가는 벽 쪽에서 성큼성큼 걸어 나와 스위치를 당겨 방 한가운데 있는 백열전구를 켠다. 그러자 놀라운 모습이 펼쳐진다. 흑백인 줄 알았던 액자 속의 그림들이 빨강, 노랑, 초록, 파랑 등 다양한 색으로 변한 것

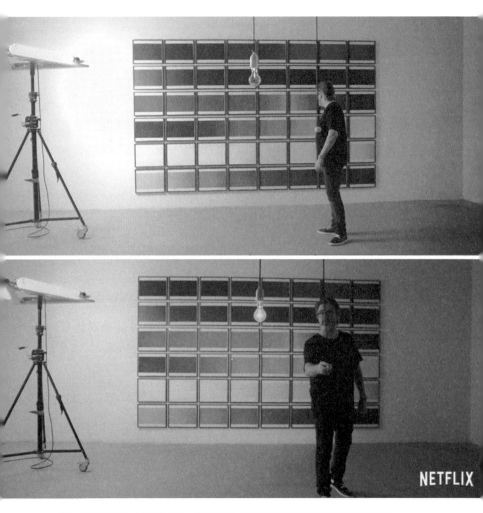

처음엔 흑백으로만 보였던 프레임 속 이미지들이 백열전구를 켠 순간 다양한 색으로 보인다.

빛에 대한 오해들

이다. 단색 광원에서 나오는 노란색만 반사할 수밖에 없어 흑백으로 보였던 액자가, 다양한 색을 품은 전구의 빛을 받아 비로소 다양한 색을 반사할 수 있게 된 것이다.

이 현상을 보면 보통 단색광이라는 특수한 빛이 물체 본래의 색을 볼 수 없게 만들었다고 생각한다. 그리고 그것이 자연스럽다. 하지만 우리가 생각하는 '원래의 색' 또는 '원래의 빛'은 절대적인 것이 아니다. 우리는 단지 너무나 중요하고 익숙한 태양광이라는 빛의 기준이 존재하기 때문에 햇빛 아래 반사된 색을 물체가 가진 '원래의 색'이라고 인식하는 것일 뿐이다. 만약 태양 빛이 나트륨등 같은 단색광이었다면, 우리는 백열전구가 발명되기까지 수천, 수만 년간 '색'이라는 존재를 모르고 살았을지도 모른다. 그리고 백열전구를 마주한 시점에 인류는 역사상 그 어떤 때보다 강력한 인지적, 문화적 충격을 받았을 것이다(물론 오랜 기간 단색광 속에 살아왔다면 진화 과정에서 색상을 인지하는 기능이 퇴화했을 가능성이 더 크겠지만).

다행스럽게도 태양 빛은 모든 파장의 빛을 고루 머금은 아주 풍성한 빛이다. 태양 빛을 팔레트로 따진다면 존재하는 모든 색을 표현할 수 있는 수천만 가지 색의 물감을 담은 초호화 팔레트라고 볼 수 있다. 빨강부터 주황, 노랑, 초록, 파랑, 보라에 이르기까지 촘촘한 모든 파장의 빛이 풍부하고 고르게 분포되어 있을 뿐 아니라 눈으로 인지할 수 있는 영역 바깥의 빛—적외선과 자외선—까지 모두 포함하고 있다. 맑은 날 태양 빛 아래 온 세상이 더 아름답게 보이는 것은 단지 기분 탓이 아니다. 이처럼 빛의 팔레트가 풍성한 색을 갖추고 있다는 것은, 이 세상이라는 캔버스에 훨씬 아름답고 풍성한 색으로 그림을 그릴 수 있음을 의미한다.

흐린 날이 지속되다 구름을 뚫고 나온 태양 아래 온 세상이 맑고 선명해 보이는 것을 경험해 본 적이 있는가? 파란 하늘 아래 전에 보던 거리도, 나무와 잎사귀도, 건물과 간판, 자동차와 걸어 다니는 사람들 모두 자신의 또렷한 색을 자랑하며 반짝반짝 빛나 보이는 순간이 있다. 이처럼 우리가 사는 세상이 훨씬 풍요로운 색상으로 아름다워 보일 수 있는 이유는 자연의 빛이 가진 색의 풍성함 때문이다.

인상주의 화가인 클로드 모네Claude Monet는 풍성한 자연의 빛을 그렸다. 대지 위에 펼쳐진 자연의 빛을 그렸고, 얇은 건초 사이를 투과하는 빛, 대기에 산란하는 빛, 그림자 비치는 푸른 하늘빛까지 자연의 빛이 그의 그림 속에 표현되어 있다. 특히 그는 연작을 통해 동일한 장면이 시간과 날씨에 따라 달라지는 자연의 모습을 그렸는데, 이 작품들은 건초더미와 풍경이라는 대상을 그렸다기보다는 하늘에서 쏟아지는 빛을 그렸다고 표현하는 것이 더 어울린다. 그는 건초더미를 우리가 익히 사물의 색인 밝은 갈색으로 그리지 않았다. 마치 태양 빛 속에 숨겨진 수많은 색을 꺼내 캔버스에 흩뿌려 놓은 것처럼, 그림에 대상이 가진 색 말고도 수많은 색으로 가득 채웠다. 그가 죽었을 때, 그의 오랜 친구가 관 위에 드리워진 검은 천을 치우면서, '모네에게 검은색은 없다.'라고 외쳤다고 한다. 검은색은 풍성한 태양 빛이 가지고 있지 않은 단 하나의 색이기도 하다.

빛에 대한 오해들

자연의 빛에 따라 달라지는 대상을 그린 모네의 「건초더미」 연작 (클로드 모네, 1888~1891년경)

우리는 백색의 빛이 사실 빨주노초파남보 다양한 색을 모두 포함한 빛이라고 알고 있지만, 의외로 백색의 빛은 적은 빛의 합만으로도 만들어질 수 있다. 빛의 삼원색이라고 불리는 RGB(Red-Green-Blue / 빨강-초록-파랑) 세 가지 색의 합만으로도 백색은 만들어지며, 심지어 파랑과 노랑 두 가지 파장의 합만으로도 흰색 빛은 만들어진다. 이러한 백색의 빛 아래서 빨간 물체는 회색으로 보일 뿐이다. 같은 백색의 빛이라 해도 만들어 낼 수 있는 빛의 차이가 천차만별인 것이다. 겉으로 보

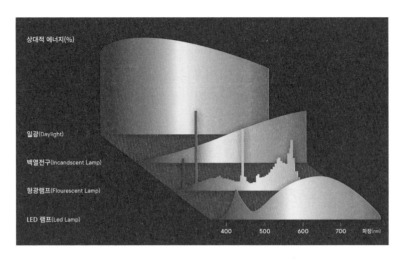

상대적 에너지(%)

일광(Daylight)

백열전구(Incandscent Lamp)

형광램프(Flourescent Lamp)

LED 램프(Led Lamp)

400   500   600   700   파장(nm)

태양 빛, LED, 백열전구, 형광등이 가진 빛의 파장을 나타낸 그래프. 풍성한 파장의 태양 빛과 빛의 분포가 적거나 고르지 않은 인공 광원의 차이를 볼 수 있다.

기에 태양 빛과 형광등 빛은 비슷해 보이는 백색광이지만, 실제로 그 속을 들여다보면 전혀 그렇지 않다.

백열전구부터 LED에 이르기까지 인류 문명이 만들어 낸 인공광은 놀라운 발명이지만, 태양 빛만큼 풍부한 파장의 빛은 아니다. 백열전구나 할로겐램프는 태양과 동일하게 열을 통해 빛을 만들어 내기 때문에 태양과 가장 유사한 형태를 지닌다. 하지만 백열전구의 파장 역시 태양광에 비하면 한참 못 미친다. 그래도 백열전구는 나은 편이다. 형광등으로 대표되는 가스 방전 램프는 백열전구에 비해 높은 효율을 자랑했으나, 연속적이지 않고 들쑥날쑥한 파장의 형태를 가진다. 이는 색의 왜곡을 불러일으킬 수 있음을 의미한다. 마치 파란색과 녹색 종류의 물감은 필요 이상으로 많고, 빨간색이나 노란

빛에 대한 오해들

색 종류는 적으며, 심지어 중간중간 비어 있는 팔레트와 같다. 그런 팔레트로 그린 그림에 왜곡이 생기는 것은 어쩌면 당연한 일이다. LED는 반도체의 방전 효과를 이용해 빛을 만들며, 높은 효율과 작은 크기, 다양한 색을 구현할 수 있는 조명이다. 하지만 LED 역시 만들어 내는 파장의 특징이 존재한다. 때문에 태양 빛에 유사한 빛의 파장을 만들기 위해 연구가 거듭되고 있다.

이러한 이유 때문에 사람들은 빛이 가진 색의 구현 능력, 다른 방식으로 말하면 태양 빛을 기준으로 얼마만큼 원래의 색에 가깝게 표현할 수 있는지 나타내는 척도가 필요했다. 이를 정량화하여 나타낸 것을 연색성이라고 한다. 연색성은 CRI(Color Rendering Index) 또는 Ra(알에이)로 표기되며 100에 가까울수록 태양광과 유사한 색의 인지가 가능한 광원임을 의미한다. 빛이 가진 팔레트의 물감이 얼마나 풍성한지를 나타내는 지수라고 보면 이해하기 편하다. 일반적으로 Ra80이면 좋은 연색성을 가진 광원이라 이야기하며, 촬영 현장 같은 색에 민감한 곳에는 Ra90 이상의 높은 연색성을 가진 조명이 사용된다.

물체는 색을 가지고 있지 않다. 우리는 사물에 맞고 반사된 빛을 감지하는 것이며, 그렇기에 빛이 얼마만큼의 색을 가지고 있는지에 따라 우리가 보는 사물의 색상도 달라진다. 대상의 풍성함만큼 우리가 누리는 빛의 풍성함에 대해 생각해 봐야 하는 이유가 여기에 있다. 우리의 세상을 풍성한 색으로 가득 채우기 위해서는 그만큼 풍성한 빛의 팔레트가 준비되어야 한다.

실내 공간에서 보는 색은 인공 광원이 가진 색의 구현력, 즉 연색성에 좌우된다.

명확한 색의 인지가 필요한 미술관이나 상업 공간에서는 연색성이 특히 중요한 요소가 된다.

빛에 대한 오해들

달 은
노 란 색 이
아 니 다

이 화분은 몇 가지 색으로 이루어진 걸까?

사진 속 화분은 몇 가지의 색으로 이루어져 있을까? 쉽게 생각하면
한 가지라는 답이 나올 것이다. 하지만 만약 화분 사진을 잘 살펴본
다면 적어도 꺾인 면마다 각기 다른 색이 존재한다는 것을 알 수 있
다. 한 면에서의 미묘한 색 변화까지 구분한다면 아마 셀 수 없을 만
큼 많은 색을 뽑아낼 수 있을 것이다. 그러면 누군가는 이렇게 말할
지도 모른다. '그건 빛 때문에 그림자가 생겨서 다 다르게 보이는 것

달은 무슨 색일까?

일 뿐이다'라고. 만약 그렇다면 저 수많은 색 중 '원래의 색'은 무엇일까? 그리고 그 색은 무엇을 기준으로 정할 수 있을까?

물체는 빛을 맞아 일부는 흡수하고 일부는 반사한다. 그리고 우리는 반사된 빛을 눈으로 인식해 사물의 색을 판단한다. 빛은 사물의 표면을 맞아 반사하는 과정에서 빛의 방향, 빛을 받아들이는 표면의 각도, 표면의 특성 등에 영향을 받는다. 때문에 동일한 색으로 제작된 물체의 표면이라 해도 각도에 따라 보이는 색 차이가 발생한다. 우리는 흔히 사물은 어떤 고유한 색을 가지고 있을 거라 생각한다.

빛에 대한 오해들

또 별 무리 없이 그 색을 기억하고 알고 있을 거라고 생각한다. 하지만 우리가 알고 있는 대상의 '색'이라는 건, 대상의 표면이 가지고 있는 색에 대한 특성만으로 이루어지는 것이 아니다. 대상을 비추는 빛은 어떠한지, 어느 각도에서 비추는지, 대상이 놓인 주변 환경은 어떠한지, 관찰자인 우리는 어디서 바라보는지 등의 수많은 여건에 의해 만들어진 결과다. 그리고 어떠한 환경에서는 우리가 가장 중요하다고 여기는 대상이 가지고 있는 표면색이 중요하지 않은 상황도 발생한다.

이번에는 조금 다른 질문을 해 보자. 달은 무슨 색일까? 여러분은 밤하늘에 떠 있는 달을 무슨 색으로 기억하고 있는가? 쉽게 '노란색'이라고 대답할지도 모른다. 어린 시절 도화지 위에 달을 그리기 위해 노란색 크레파스를 사용했던 기억이 있는 사람들이라면 더더욱 그럴 것이다. 그렇다면 달은 노란색일까? 우선 달은 스스로 빛을 내는 존재가 아니다. 달은 태양 빛을 반사해 우리의 어두운 밤을 비춘다. 그렇기 때문에 달빛은 태양 빛을 따른다. 태양 빛이 백색에 가깝기 때문에 실제로 달은 떠 있는 대부분의 시간 동안 흰색으로 보인다. 그리고 때에 따라 심지어 푸른빛을 띠기도 한다.

그렇다면 우리는 왜 달을 노란색으로 기억하고 있을까? 그것은 아마도 우리의 기억 속에 가장 인상적인 달의 장면이 노란빛으로 빛나는 때였기 때문일 것이다(또는 그 인상적인 노란 달빛을 다룬 수많은 이미지 때문일 것이다). 달은 이제 막 떠올라 낮은 고도에 머무를 때, 노란빛을 띤다. 그리고 이때의 달은 산과 건물 등 주변의 모습과 겹쳐

왜 지평선 부근의 해와 달은
노란빛이나 붉은빛으로 보일까?

보이면서 가장 크고 인상적인 모습으로 우리에게 다가온다. 우리의
기억 속 노란 달은 대부분 이런 초저녁의 모습에서 온 것이다. 넓은
하늘 외로이 떠 있는 하얀 달은 산 중턱이나 건물 옆에 걸려 있는 커
다란 노란 달보다 우리에게 인상적이지 않았을 확률이 높다. 달은
그렇게 낮은 고도에서는 노란색에 가깝게 빛나다가 고도가 높아짐
에 따라 하얀색으로 변화한다. 이것은 태양이 지평선 근처에서 붉은
빛을 띠는 노을의 원리와 유사하다.

빛에 대한 오해들

빛은 우주의 공간을 이동하다가 지구의 대기를 만나면서부터 산란1
이 시작된다. 대기의 산란은 빛이 눈에 보이지 않는 작은 대기의 입
자들에 부딪히며 발생한다. 이때 지구를 구성하는 대기는 짧은 파
장, 즉 푸른 계열의 빛을 더 잘 반사시키는 성질을 가지고 있어 하늘
이 푸른색으로 보이는 것이다. 이렇게 작은 입자들에 의해 일어나
는 빛의 산란은 이 현상을 증명한 레일리 경(Lord Rayleigh)의 이름
을 따 레일리 산란(Rayleigh scattering)이라 불린다. 이렇게 빛은 대
기를 통과하며 푸른빛을 산란하지만, 태양의 고도가 낮아지며 햇빛
이 통과해야 하는 대기가 길어지면, 파란빛은 먼저 산란이 되어 흩어
지고 나머지 붉은빛이 우리에게 도달하게 된다. 그 결과 낮은 고도
에서 바라보는 태양과 달은 우리에게 더 붉거나 노란빛으로 보이게
되어 우리가 보는 아름다운 노을이 만들어진다. 빛의 산란은 그렇게
우리가 인지하는 태양과 달의 색을 바꾼다.

그렇다면 달은 보이는 시간을 고려해 하얀색으로 봐야 할까? 사람들
에게 인상을 주는 상징물로서 노란색이라 주장해야 할까? 실제 달에
도착했을 때 보이는 달의 색은 어떨까? 실제 달에 도착해 찍은 닐 암
스트롱의 발자국 사진과 달 착륙 자료들을 살펴보면 실제 달 표면은
회색에 가깝다. 이는 달 표면을 이루는 주요 성분이 산소, 규소, 마그
네슘, 철, 칼슘 및 알루미늄으로 이루어져 있기 때문이다. 달에 도착
한 누군가에게 달이 무슨 색이냐고 물어본다면 그는 회색이라고 대
답할 것이다. 이제는 머리가 아프다. 도대체 달은 무슨 색일까.

---

1   빛이 작은 입자에 맞아 사방으로 퍼져 나가는 현상

달은 노란색일까?
흰색일까?
그도 아니면 회색일까?

빛에 대한 오해들

답을 복잡하게 만드는 것은 어쩌면 빛에 따라 달라진 사물의 색이 아니라, 대상을 한 가지 색으로 정의 내리고 싶어 하는 마음 때문일지도 모른다. 앞서 사과가 그랬듯 애당초 색이란 빛이 반사된 결과일 뿐이며, 빛과 환경에 따라 무한히 변화할 수 있는 존재라는 것을 이해할 필요가 있다. 단지 우리에게 익숙한 태양 빛과 지구라는 환경이 우리로 하여금 특정한 조건하에 사고하게끔 만드는 것일 뿐이다. 심지어 그 '특정한' 자연환경조차도 시간과 날씨와 고도에 따라 끊임없이 변하는 가변적인 존재다.

빛은 하늘 위 태양이나 집 안의 조명등에만 존재하는 것이 아니다. 공기로 가득 차 있는 대기 중에도, 우리가 머물고 있는 방 안에도, 탁자와 그 위에 있는 책 위에도 빛은 존재한다. 그리고 빛은 공간 속에서 끊임없이 반사하고 산란하며 우리가 사는 세계를 가득 채운다. 그리고 우리는 그중 극히 일부의 빛, 그러니까 내 눈으로 들어온 빛만을 감지하며 그것을 통해 세상을 받아들이고 사고한다.

우리가 보는 모든 것은 빛이다. 색 또한 마찬가지다. 빛이 어디서 출발해 어떤 과정을 거쳐 내 눈에 들어오느냐에 따라 달은 나에게 노란색일 수 있고, 흰색일 수도 있으며, 또한 회색일 수도 있다. 대상인 '달' 자체만으로는 우리에게 달이 어떤 색으로 보이는지 알 수 없다. 대상을 바라보는 우리, 혹은 관찰자가 어디에 있는지, 빛이 관찰자에게 도달하기까지 어떤 과정을 거치는지에 따라 빛은 달라진다. 같은 공간, 대상, 사람이라도 우리가 어떠한 빛을 통해 보는지에 따라 전혀 다르게 느껴질 수 있는 이유이기도 하다.

빛은 공간 속에서 끊임없이 반사하고 산란하며
우리가 사는 세계를 가득 채운다.

빛에 대한 오해들

태 양 빛 의
두 가 지 얼 굴

우리는 '태양 빛' 혹은 '주광'이라고 하면 보통 하늘에서 내리쬐는 강
렬한 햇살을 생각한다. 햇살을 피해 그늘로 들어가면 태양에서 오는
빛으로부터 숨을 수 있다고 생각한다. 또 햇빛이 많이 들어온다는
이유로 남향을 선호하기도 한다. 하지만 그늘 속에서도 우리는 볼
수 있고, 북향으로 창이 나 있는 방에도 빛은 존재한다. 또한 태양이
구름으로 완전히 가려진 흐린 날에도 여전히 우리의 낮은 밝다. 그
러면 이 빛은 어디서 온 것일까?

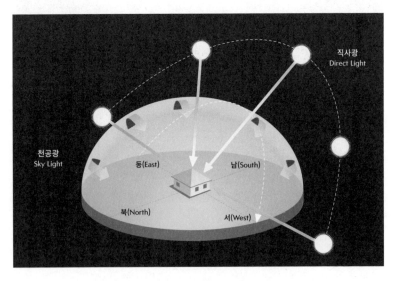

직사광이 태양이라는 한 점에서 직선으로 지구에 쏟아지는 강한 빛이라면, 천공광은 그보다 훨씬
넓은 대기 속에 산란하며 이 땅을 뒤덮고 있는 은은한 빛이다.

낮 시간 자연의 빛을 의미하는 주광(Daylight)에는 두 가지 종류가 있다. 하나는 태양으로부터 바로 지면 위로 떨어지는 직사광(Direct Light)이며, 또 다른 하나는 대기 중 산란한 빛이 대지를 뒤덮는 천공광(SkyLight)이다. 직사광과 천공광이라는 두 가지 빛이 어우러지며 낮 시간 자연의 빛 환경이 만들어진다. 여기서 천공광은 앞서 이야기했던 레일리 산란을 통해 만들어진 푸른 하늘이다. 고개를 들어 하늘을 바라보자. 태양 말고도 이 땅을 둘러싸고 있는 파란 하늘 역시 우리 자연을 구성하는 중요한 빛이자 조명이다. 직사광이 태양이라는 한 점에서 직선으로 지구에 쏟아지는 강한 빛이라면, 천공광은 그보다 훨씬 넓은 대기 속에 산란하며 이 땅을 뒤덮고 있는 은은한 빛이다.

　우리가 건물 그림자 속이나 북쪽 창가에 있어도 완전한 어둠 속에 갇히지 않는 이유는 드넓은 하늘이 만들어 내는 천공광이 우리를 비추고 있기 때문이다. 이때 그림자가 푸른색으로 보이는 것은 절대 착각이 아니다. 직사광은 흰색에 가깝게 보이는 반면, 천공광은 기본적으로 하늘색을 반영하여 푸른색을 띠고 있기 때문이다.

지구에는 직사광 없이 천공광만 존재하는 환경이 있다. 바로 구름에 가려 태양을 볼 수 없는 흐린 날의 환경이다. 대기 중 수증기에 산란한 빛이 온 하늘을 덮지만, 태양으로부터 직선으로 내리쬐는 빛은 구름에 가려진 상태다. 이런 날은 하늘의 모든 방향에서 일정한 빛이 비추기 때문에 그림자가 거의 생기지 않는다. 자연도 건물도 빛의 밝고 어두움의 대비도 떨어져 전체적으로 밋밋한 모습을 띠게 된다. 그렇다면 반대로 천공광 없이 직사광만 비추는 환경도 존재할까?

　　　　　　　　　　　　　　빛에 대한 오해들

직사광이 비추는 곳은 흰색을 띠지만, 천공광만 비추는 곳은 하늘빛을 따라 푸른색을 띤다.

그런 환경에서 대지는 어떻게 보일까? 만약 하늘에 태양이 떠 있지만 산란할 대기가 없다면 낮이라 할지라도 하늘은 태양을 제외하고는 캄캄할 것이다. 오로지 태양에서 대지를 향해 직선으로 내리쬐는 강한 직사광만 지면에 떨어지고, 지면에 반사된 빛은 모두 우주 공간으로 날아가 버릴 것이다. 빛의 산란이나 보조광이 없기 때문에 직사광이 닿은 면과 그렇지 못한 면의 대비는 매우 강할 것이며, 그림자가 드리워진 부분은 거의 보이지 않을 정도로 새까만 검은색일 것이다. 혹시라도 떠오르는 공간이 있는가? 맞다. 달의 환경이다.

달에는 대기가 없다. 그렇기 때문에 반사된 태양 빛이 대기 중에 머무르지 못하고 모두 튕겨 나가 버린다. 그래서 태양이 떠 있는 낮에도 하늘은 온통 검다. 달에서 찍은 사진이 밤인지 낮인지 헷갈렸던

달은 대기가 없어서 태양 빛이 내리쬐는 한낮에도 하늘이 컴컴하다. 천공광이 없는 빛 환경은
까만 하늘과 그림자를 만든다.

이유도 이 때문이다. 강한 대비와 검은색 그림자는 지구의 환경에 익
숙한 우리에게 인위적으로 보일 정도다. 달에서 찍은 태양 사진은
거의 찾아볼 수 없는데, 너무 강한 대비 때문에 사진이 제대로 찍히
지 않을 뿐더러 검은 바탕에 빛 번짐이 있는 하얀 점 정도로만 보이
기 때문이라고 한다. 화성의 경우에는 대기가 있으나 지구의 대기와
성분이 다르고 산화철 먼지로 인해 붉은색이 더 많이 산란된다. 그래
서 탐사선의 사진이나 영화 속 화성의 하늘이 붉게 보이는 것이다.

다시 지구로 돌아오자. 직사광이 강렬하고 극적인 자연의 빛이라면,
천공광은 부드럽고 포근한 자연의 빛이다. 우리가 사는 지구의 빛은
직사광과 천공광이 아름답게 조화를 이루며 만들어진다. 그리고 이
두 가지의 빛은 하루의 시간에 따라, 계절에 따라, 그리고 날씨에 따

빛에 대한 오해들

라 다양한 모습으로 변화한다. 세상을 밝고 또렷하게 보이도록 만드는 직사광도 중요하지만, 우리가 미처 인지하지 못하고 있던 천공광도 자연의 부드럽고 풍성한 빛 환경을 만들어 주는 매우 중요한 요소다. 한낮에 햇빛이 강하게 내리쬐는 남쪽 창의 상쾌함도 좋은 빛이지만, 하루 종일 은은한 빛을 방 안쪽까지 들여 주는 북쪽 창 천공광의 포근한 빛도 그에 못지않게 중요하고 좋은 빛이다.

천공광이 이 땅을 균일하게 덮으면서 전체를 밝혀 주는 전반조명을 맡는다면, 직사광은 강한 빛으로 이 땅에 빛의 대비를 만들어 낸다. 구름 한 점 없는 맑은 하늘의 강한 대비는 사람을 밝고 활기차게 만든다. 하지만 너무 강한 대비는 시視환경의 자극과 피로를 줄 수 있다. 반대로 흐린 하늘로 인해 천공광만 이 땅을 비추면, 모든 곳의 조도가 균일해지고, 대비를 줄여 편안하고 안정된 분위기를 만든다. 하지만 오랜 기간 지속되는 낮은 대비와 조도는 사람의 기분을 우울하게 만들기도 한다. 중요한 것은 이 두 가지 빛의 조화다. 자연에서 이 두 가지 빛은 시간과 날씨에 따라 다양한 모습으로 어우러지며 아름다운 빛을 만들어 낸다.

물리적인 빛의 이해만큼이나, 우리에게 필요한 것은 자연의 빛에 대한 이해다. 우리가 익숙하고 편안한 빛, 그리고 아름다움을 느끼는 요소는 대부분 자연으로부터 출발한 것이기 때문이다. 직사광과 천공광이라는 자연의 큰 두 가지 빛에 대한 이해가 우리의 공간과 삶에 어떻게 적용될 수 있는지는 이후의 장에서 조금 더 깊이 다루기로 하자.

직사광과 천공광이 함께 어우러진
우리 지구의 빛 환경은
달에 뜨는 것과 동일한 태양이 뜨는 곳이라고
느끼기 어려울 만큼 아름답다.

빛에 대한 오해들

골든아워를
아시나요?

최근 어떤 자리에서 다음과 같은 질문을 받았다. "반복되는 일상 속에 기분 전환을 위해 찾아가는 나만의 공간이 있나요?" 갑작스러운 질문에 잠시 고민을 했다. 고개를 몇 번 갸우뚱거렸지만, 특별히 찾아가는 나만의 공간이 떠오르지는 않았다. 하지만 기분을 전환시켜 주는 특별한 '시간'에 대해서는 알고 있었다. 그게 도시의 어디든, 아니 도시를 떠나 지구 위 어디에 있든 모든 곳을 특별하게 만드는 시간 말이다. 그 질문에 대한 나의 대답은 이러했다. "해 뜰 무렵과 해 질 무렵에 하는 산책을 좋아합니다. 장소는 크게 중요하지 않아요. 이 시간에는 어느 곳이든 아름다워지거든요."

앞에서 하늘의 태양 빛은 직사광과 천공광 크게 이 두 가지로 나뉜다는 이야기를 했다. 해가 높은 고도에 떠 있는 낮 시간 동안 직사광은 흰색을 띤다. 하지만 태양이 낮은 고도에 위치하는 일출 직후와 해질 무렵의 태양은 노란 빛을 띤다. 그래서 이 시간대에는 낮은 고도로 인해 지면을 측면에서 비추는 노란 태양 빛과 하늘이 조금씩 어두워지며 진한 파란빛으로 빛나는 천공광이 만나 특별한 빛 환경이 만들어진다. 이 시간 동안 이 각기 다른 두 가지 하늘빛은 하늘을 뒤덮으며 하루 중 그 어느 때보다 근사한 장면을 연출한다. 한 시간도 채 되지 않는 짧은 시간, 이 땅 위의 모든 존재를 더욱 매력적으로 보이도록 만들어 주는 이 아름다운 빛의 시간을 우리는 "골든아워 Golden hour"2 라고 부른다.

'골든아워'는 하늘의 붉어짐을 의미하는
노을과 달리, 해 뜰 녘과 해 질 녘 무렵의
특별한 빛과 시간을 의미한다.

2   태양이 뜨고 지기 약 30분 전후, 일광이 금색으로 빛나는 황혼의 시간을 일컫는 말. 사진·영상
     분야에서 주로 사용되는 용어로, 매직 아워Magic hour라고 불리기도 한다. '라디오나
     텔레비전 방송에서 청취율이나 시청률이 가장 높은 시간' 또는 '심장마비나 호흡 정지, 대량
     출혈 등의 응급 상황에서 인명을 구조할 수 있는 금쪽같은 시간'이라는 의미로도 사용하지만,
     이 책에서는 앞서 언급한 의미로 사용했다.

골든아워는 흔히 말하는 일출이나 일몰, 또는 노을과는 차이가 있다. 일몰과 일출은 해가 지평선을 지나는 현상 또는 시점을 의미하며 노을은 주로 해가 저물어 가면서 생기는 서쪽 하늘의 색 변화를 의미한다. 또한 두 가지 단어가 '해의 상태' 또는 '하늘의 색'에 초점이 맞춰져 있다면, 골든아워는 자연이 만들어 내는 특별한 '빛과 공간' 그리고 그 빛을 만들어 내는 '시간'에 맞춰져 있다.

태양이 뜨고 지는 여정을 따라가 보면 다음과 같다. 긴 밤의 어둠이 서서히 걷히며 해가 뜨기 전에 온 세상이 푸른빛으로 물드는 블루아워Blue Hour가 시작된다. 지평선 너머 태양이 대기를 푸른빛으로 밝히고 있지만 아직 그 자신은 등장하기 전의 환경이다. 이후 서서히 동쪽 하늘이 밝아지며 골든아워가 시작된다. 해가 뜨고 낮은 고도에서 머물기까지, 약 한 시간 정도의 시간 동안 골든아워가 지속된다. 아침을 밝힌 태양은 동쪽에서 출발해 하늘 높이 솟았다가 포물선을 그리며 서쪽 하늘로 넘어간다. 그리고 고도가 떨어지며 아침의 역순으로 골든아워를 맞이하고 일몰이 일어나고, 다시 블루아워가 다가오는 밤을 맞이한다.

골든아워라는 특별한 빛의 시간에는 모든 것이 아름다워 보인다. 늘봐 오던 나무나 풍경, 심지어는 차갑고 딱딱해 보였던 직사각형의 건물마저도 높은 빛의 대비와 반짝이는 금빛으로 물들어 새로운 인상을 만들어 낸다. 마주한 사람의 얼굴마저도 아름답게 보이도록 만드는 마법이 펼쳐지는 것이다. 골든아워의 빛이 형태적으로 특별한 이유는 낮 시간 대부분의 빛이 머리 위에서 비추는 데 반해 옆에서

뉴욕 맨해튼의 골든아워

비추는 빛, 즉 측광이 포함되어 있기 때문이다. 측광은 머리 위 빛보다 산이나 둥근 나무, 건물, 사람의 얼굴 등의 좌우 볼륨을 다채롭게 표현하는 데 유리하다. 더군다나 푸른 간접광과 노란 직접광의 조합은 똑같은 대상도 특별한 모습으로 보이게 해 준다.

이 때문에 골든아워는 사진작가나 영상 제작자들에게 가장 활발히 사용되는 개념이며, 또한 이 분야에서 가장 사랑받는 시간이기도 하다. 〈건축학개론〉에서 수지가 반짝이는 머리를 귀 뒤로 넘기는 장면, 〈살인의 추억〉에서 송강호가 황금빛 논두렁을 다시 방문하는 마지막 장면, 〈기생충〉에서 제시카가 슈퍼마켓에서 집어 든 복숭아의 털을 입으로 부는 장면같이 인상적이거나 아름다운 장면에 골든아

빛에 대한 오해들

영화 〈건축학개론〉의 한 장면

워의 빛이 담겨 있는 경우가 많다. '빛의 마술사'라고 불리는 일본 애니메이션 감독 신카이 마코토의 작품에도 이러한 빛의 모습이 잘 드러나 있다. 그의 작품 〈너의 이름은〉 속 빛의 연출은 과하다 싶을 만큼 대부분의 장면이 골든아워 속에서 이루어진다. 심지어 영화 속 등장하는 단어 '황혼의 시간'은 이 골든아워를 의미할 뿐 아니라 영화의 스토리 내에서도 매우 중요한 요소로 사용됐다. 이러한 빛의 매력 때문에 오늘도 수많은 전문가가 가장 극적이고 아름다운 자연의 빛을 프레임에 담기 위해 삼각대를 펴 놓고 이 시간을 기다리고 있다.

하지만 이 아름다움이 사진작가나 영상 제작자들을 위해서만 존재하는 것은 아니다. 골든아워는 이 땅에서 살아가는 모든 사람에게

모네의 「아르장퇴유의 철교(The Railway Bridge at Argenteuil)」(1874)

　　　　　　　　　　　　　　　　　　　빛에 대한 오해들

하루 두 번씩 주어지는 아름다운 빛의 선물이다. 이 시간에는 늘 같았던 거리, 딱딱해 보이는 아파트와 건물들, 겨울바람을 맞아 앙상해진 나뭇가지도 생기를 얻고 아름다운 황금빛으로 빛나며 전혀 다른 모습을 우리에게 선사한다. 늘 보았던 그 공간은 간데없고 환상 속 아름다운 빛이 세상을 뒤덮는다.

나는 언제부턴가 이 시간을 의식적으로 챙기기 시작했다. 매시간 정각 에펠탑에 5분간 켜지는 반짝이는 불빛을 기다리던 배낭여행 시절의 내 모습처럼, 나는 매일 빛의 선물을 설레는 마음으로 기다린다. 겨울에는 아침 골든아워를 보는 것이 더 수월하다. 새벽 운동을 마치고 떠오르는 태양을 보며 동네를 좀 더 서성거리다 들어오기도 하고, 아침에는 동쪽 창문 앞에서 서성거리고 해질 때면 서쪽 창밖으로 고개를 내밀어 아직 남은 태양의 온기와 함께 아름다운 빛의 시간을 즐긴다.

이 아름다운 시간을 더 많은 사람과 함께 즐길 수 있으면 좋겠다. 여러 조건이 갖춰져야 감상이 가능한 노을과 달리, 이 시간의 빛을 즐기는 일은 어디서나 가능하다. 이 시간을 챙겨 산책하면서 투명한 나뭇잎을 보고, 유리창에 반짝이는 노란빛을 감상하는 것도 좋다. 밖으로 나가기 어려운 경우엔 창가에 서서 창밖을 바라보며 차 한잔 마셔도 충분하다. 매일 두 번 우리에게 주어지는 이 선물의 시간을 모른 채 떠나보내기엔 이 아름다운 햇빛이 너무 아깝지 않은가.

벚 꽃 보 다
신 록

봄이 되면 어김없이 벚꽃이 만개한다. 하얀 목련도, 노란 개나리도 봄을 알리는 꽃이지만, 무엇보다 드라마틱하게 봄이 왔음을 알려 주는 건 누가 뭐래도 벚꽃이다. 그 어떤 꽃보다 화려하게 피었다가 봄바람에 흩날리며 순식간에 사라져 버리기에, 사람들은 이 시기가 찾아오면 너도나도 벚꽃을 보기 위해 밖으로 나간다. 너른 가지 한가득 풍성하고도 하얀 분홍빛 벚나무를 보며 우리는 봄이 왔음을 다시 한번 실감한다.

이렇게 모두의 사랑을 받는 화려한 벚꽃이지만, 사실 나에게는 이보다 더 좋아하는 봄의 모습이 따로 있다. 바로 가장 아름다운 초록빛이라 불려도 부족함이 없을 봄의 신록新綠이다. 벚꽃이 화려한 봄의 시작을 알려 준다면, 봄의 초록은 싱그러운 봄의 생기를 보여 준다. 특히 잎이라는 존재는 연둣빛으로 시작해 청아한 초록, 짙은 청록을 지나 낙엽에 이르기까지 긴 생명의 여정을 색으로 보여 주는 존재다. 그리고 그 시작을 알리는 봄의 초록은 다양한 초록 중에서도 가장 설레고 아름다운 색이다.

교과서에도 실려 있는, 한국 사람이라면 그 이름을 한 번쯤 들어 봤을 이양하 님의 수필「신록예찬」은 내가 가장 좋아하는 글 중 하나다. 저자는 자신이 모든 초록을 사랑하지만 특히 잎이 돋아나는 봄, 잠깐 나타났다 사라지는 신록의 초록을 사랑하고 있음을 이야기한다.

빛에 대한 오해들

초록에 한하여 나에게는 청탁淸濁[좋고 싫음]이 없다. 가장 연한 초록에서 가장 짙은 초록에 이르기까지 나는 모든 초록을 사랑한다. 그러나 초록에도 짧으나마 일생一生이 있다. 봄바람을 타고 새 움과 어린 잎이 돋아 나올 때를 신록의 유년幼年이라 한다면, 삼복염천三伏炎天[여름의 몹시 더운 날씨] 아래 울창한 잎으로 그늘을 짓는 때를 그의 장년壯年 내지 노년老年이라 하겠다. 유년에는 유년의 아름다움이 있고 장년에는 장년의 아름다움이 있어 취사取捨[가려서 쓸 것은 쓰고 버릴 것은 버림]하고 선택할 여지가 없지마는, 신록에 있어서도 가장 아름다운 것은 역시 이즈음과 같은 그의 청춘 시대—움 가운데 숨어 있던 잎의 하나하나가 모두 형태를 갖추어 완전한 잎이 되는 동시에 처음 태양의 세례를 받아 청신淸新하고 발랄한 담록淡綠[연한 녹색]을 띠는 시절이라 하겠다. 이 시대는 신록에 있어서 불행히 짧다. 어떤 나무는 혹 2, 3주일을 셀 수 있으나 어떤 나무에 있어서는 불과 3, 4일이 되지 못하여 그의 가장 아름다운 시절은 지나가 버린다. 그러나 이 짧은 동안의 신록의 아름다움이야말로 참으로 비할 데가 없다. 초록이 비록 소박하고 겸허한 빛이라 할지라도 이러한 때의 초록은 그의 아름다움에 있어 어떤 색채에도 뒤서지 아니할 것이다.

—「신록예찬」 중에서 (이양하, 을유문화사, 1947)

「신록예찬」을 읽은 후, 나에게 지는 벚꽃은 봄의 끝이 아니라 시작이 되었다. 나는 매해 봄이 되면 이 싱그럽고 찬란한 초록을 즐긴다. 그 여린 초록빛을 보고 있자면 없던 희망과 순수함도 생기는 것 같다. 한편으로는 일평생 젊음부터 늙음까지 단 한 번의 큰 사이클로 겪게 되는 사람과 달리, 매해 새롭게 젊음을 만끽하는 나무의 삶이 부럽기도 하다.

그렇다면 왜 이 시기의 초록은 다른 시기의 초록에 비해 이토록 아름다운 것일까. 우선 춥고 긴 겨울을 견뎌 낸 나무가 새롭게 피어 내는 잎사귀의 색은 매우 밝다. 노란빛을 잔뜩 머금은 연두색 잎은 초봄 짧은 시기에만 볼 수 있는 색이다. 또한 긴 겨울 낮은 채도의 풍경에 익숙해졌다가 처음으로 싱그럽게 피어나는 생명의 여린 색에 감동받는 우리의 마음 때문이기도 할 것이다. 그리고 나는 여기에 한 가지 이유를 더 붙이고 싶다. 바로 어린잎의 '투명함'이다.

내가 생각하는 봄의 초록을 즐기기 가장 좋은 장소는 나무 아래다. 햇살 좋은 봄날, 나무 밑에서 올려다보는 봄의 잎사귀들은 그야말로 환상적인 모습을 보여 준다. 세상에서 가장 아름다운 초록빛의 향연이라 해도 과언이 아니다. 그리고 나무 아래서 우리는 한 가지 더 발견할 수 있다. 봄의 잎사귀들이 한없이 투명하다는 사실이다. 봄은 잎이 가장 연한 색을 가지고 있는 시기이자, 가장 얇고 투명도가 높은 시기다.

잎사귀에 투명도가 있다는 것은 햇빛을 반사하는 것뿐 아니라 일부는 머금고, 일부는 투과시킨다는 것을 의미한다. 햇빛 아래 봄의 잎사귀들은 빛을 품는다. 그렇게 품은 빛은 내부에서 산란해 연두색 빛으로 사방에 흩어진다. 이러한 투과와 산란의 과정을 통해 만들어진 색은, 반사만을 통해 만들어진 색에서는 느낄 수 없는 화사함을 갖는다. 제아무리 인쇄기나 물감으로 신록의 초록을 재현하려야 할 수 없는 이유는 신록의 투명함 때문이다. 꽃의 색도 마찬가지다. 사실 자연물은 대부분 어느 정도의 투명함을 가지고 있다. 하늘의 구름과 내리는 눈도, 빨갛게 핀 꽃도, 나무에 열린 앵두도, 흐르는 물과

빛에 대한 오해들

신록의 잎은 그 연한 색뿐 아니라
투명함으로 인해
더 아름다운 빛을 뿜어낸다.

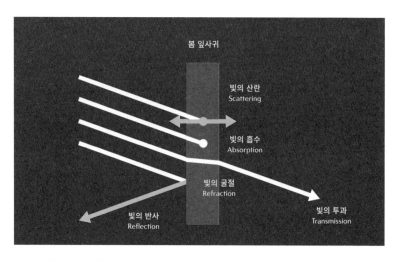

봄 잎사귀

빛의 산란
Scattering

빛의 흡수
Absorption

빛의 굴절
Refraction

빛의 반사
Reflection

빛의 투과
Transmission

빛이 투명한 봄 잎사귀에 닿았을 때 일어나는 빛의 다양한 현상들

바람에 흩날리는 갈대도 모두 각자의 투명함을 가지고 있다.

심지어 사람의 피부도 투명함을 가진다. 상대방의 얼굴을 바라보며 빛을 받아 산란하는 피부와 피부 속 미세하게 움직이는 붉은 혈관은 우리로 하여금 무의식중에 자연스러운 사람의 피부임을 인식하게 한다. 사람을 있는 그대로 그리는 것이 중요했던 시대에는 피부를 투명하게 그리는 것이 미술의 중요한 기술이었다. 유화(Oil painting) 물감의 발명은 기존의 템페라와 프레스코 기법으로는 낼 수 없었던 피부의 매끄러움과 투명함을 표현할 수 있음을 의미하기도 했다. 표면이 건조하고 불투명했던 기존의 기법에 비해 투명한 표현이 가능한 유화는 진짜 같은 피부를 표현할 수 있는 그 당시 최신 기술이었다.

빛에 대한 오해들

템페라 기법으로 그린 「비너스의 탄생」(왼쪽, 산드로 보티첼리Sandro Botticelli, 1485)과 유화로 그린 「비너스의 탄생」(윌리앙 아돌프 부그로William-Adolphe Bouguereau, 1879)

피부를 푸른색으로 표현한 영화 〈아바타〉(2009)와 다양한 피부 층에 투명도를 적용해 실제처럼 느껴지는 컴퓨터그래픽 작업물(오른쪽)

사람의 피부를 자연스럽게 구현하고자 하는 노력은 오늘날에도 변함이 없다. 과거 영화에서 컴퓨터 그래픽으로 구현한 피부에 색을 입히거나 과장되게 표현했던 것은 그만큼 피부의 자연스러운 표현이 어려웠기 때문이다. 그래서 컴퓨터 그래픽 분야에서는 피부를 여러 레이어로 나누고, 레이어별로 투명도와 두께, 색상을 달리하면서 실제 피부 같은 느낌을 내기 위해 노력한다.

투명도가 있는 소재는 공간에서 빛의 형태를 바꾸는 데에도 사용된다. 천이나 간유리같이 반투명한 소재는 한 방향의 강한 빛을 여러 방향으로 퍼트려 부드럽고 포근한 빛으로 바꾼다. 집 안에서는 대표적으로 커튼이 이와 같은 역할을 한다. 커튼은 빛을 차단하는 역할을 하기도 하지만, 직선의 선명한 빛을 온화하고 부드러운 빛으로 바꾸기도 한다.

조명 기구에도 반투명한 소재가 많이 쓰인다. 천이나 종이로 된 조명 기구는 공간에서 부드러운 빛을 만들어 준다. 반투명 소재가 램프의 작은 면적에서 나오는 빛을 보다 넓은 면적에서 나오는 부드러운 빛으로 만들어 공간에 퍼트린다. 그리고 소재의 색은 그대로 빛의 색이 되기도 한다. 각 면을 이루고 있는 소재의 색이 다를 경우, 램프는 하나지만 방향마다 각기 다른 색의 빛을 내보낼 수 있다. 조명 기구의 개방된 위아래로는 램프의 빛을 그대로 보내면서, 노란색의 천으로 감싸진 옆면으로는 더 따뜻한 빛을 보내어 우리의 얼굴을 비추는 것처럼 말이다.

빛에 대한 오해들

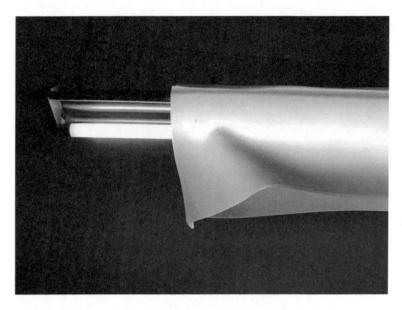

빛은 얇은 천이나 종이, 간유리처럼 반투명한 소재를 통과하면 부드러운 형태로 바뀐다.

색이 있는 반투명한 소재에 빛이 투과되는 것은 사물의 표면에 반사
되어 색이 보이는 것보다 공간과 사물에서 더 적극적인 상호작용을
한다. 이전에는 반투명한 소재가 조명에 주로 사용되었다면, 기술의
발전과 함께 이러한 투명 혹은 반투명의 소재들은 더 다양한 영역에
서 사용된다.

이탈리아의 글라스 이탈리아Glas Italia는 유리라는 소재의 투명성을
사용한 가구를 만든다. 투명한 유리에 색을 입히고, 그 재료가 가구
가 되어 공간에 존재할 때, 가구는 하나의 조명이 된다. 램프를 품고
있지 않더라도, 그 자체만으로도 공간에 존재하는 빛을 머금고 또

반투명한 소재가 주는 빛의 아름다움 (Glas Italia)

빛에 대한 오해들

발산하며 공간의 벽이나 바닥, 주변 사물과 상호작용 한다.

어떤 재료를 선택하는지, 어떤 색을 선택하는지, 빛을 어느 정도로 투과시킬 것인지, 표면의 광택은 어떻게 할 것인지에 따라 빛은 다른 형태와 색으로 투과되고 반사되어 우리 눈에 들어온다. 그래서 재료의 외형을 다루고 재료의 색을 다루는 일은 단지 물리적인 제품의 외형을 다루는 일이 아닌, 궁극적으로는 빛을 다루는 일이라고도 볼 수 있다. 다가오는 봄에는 벚꽃뿐 아니라 집 근처 아름다운 신록을 찾아 즐겨 보는 것은 어떨까. 짧은 시간 화사하게 빛났다가 사라지는 싱그러운 봄의 초록빛을 말이다. 벚꽃이 주는 화려함과는 다른, 봄과 함께 새롭게 솟아나는 에너지를 어린잎을 통과한 아름다운 빛을 통해 얻게 될지도 모른다. 벚꽃보다는 신록, 올해도 나는 싱그러운 초록빛에 한 표를 던진다.

2.

빛과 사람

우 리 가
눈 으 로
빛 을   본 다 는   것

만약 선천적인 장애를 가지고 태어나 단 한 번도 눈으로 세상을 본 적 없는 사람이 성인이 된 후 어떠한 방법을 통해 빛을 볼 수 있게 된다면 어떤 일이 발생할까? 드라마나 영화에서 보는 것처럼 어두운 터널에서 나와 아름다운 세상을 마주하고 감동의 눈물을 흘리게 될까?

안타깝지만 그렇지 않을 확률이 높다. 태어나 앞을 조금도 본 적이 없는 사람이라면, 적어도 한동안은 눈을 통해 이전까지 느끼지 못한 새로운 정보를 뇌가 처음 받아들이면서 엄청난 혼란을 겪게 될 것이다. 우리가 한 번도 보지 못한 4차원을 볼 수 있는 어떤 감각이 새로 열린다면, 아마 그 정보는 어색하고 기괴하고 혼란스러운 장면으로 느껴질 것처럼 말이다. 눈으로 세상을 본다는 것은 3차원의 세상을 특정한 시점의 2차원 이미지로 받아들이는 과정이다.

『아내를 모자로 착각한 남자』를 쓴 신경과 전문의이자 작가인 올리버 색스의 또 다른 저서 『화성의 인류학자』를 보면 어린 시절 시각을 잃고 50대가 되어 다시 시각을 회복한 한 남성의 이야기가 나온다. 시각을 되찾은 그에게 주어진 것은 다시 세상을 볼 수 있게 되었다는 기쁨보다 도저히 이해할 수 없는 시각 정보로 인한 혼란이었다. 그는 고정돼 있는 테이블과 의자가 자신의 위치에 따라 그 형태가 계속 바뀐다는 사실을 이해하지 못했다. 늘 지내 오던 집의 물건들도 직접 만져 보고 나서야 형태와 기능을 알아차릴 수 있었다고 한다. 대상이 변하지 않더라도 내 눈의 위치에 따라 달리 인지된다는 것은 우리에게 너무나 당연하지만, 시각을 가져 보지 못한 사람에게는 충격적인 일이다.

만약 내 입의 방향에 따라 음식의 맛과 향기가 전혀 달라진다면 어떨까? 내가 서 있는 위치에 따라 음악의 일부가 들리지 않거나 변화한다면 당황스럽지 않겠는가? 어디서나 유사한 감각을 느낄 수 있는 건 소리와 향기 등이 퍼져 나가는 성질을 가지고 있기 때문이다. 하지만 빛은 다르다. 빛은 직진하며, 오직 내 눈으로 들어온 빛만 인지할 수 있다. 내 손 안의 주사위는 여섯 개의 면을 가지고 있지만, 우리는 눈으로 한 번에 세 개의 면 이상은 볼 수 없음을, 또한 대상의 위치나 내 눈의 위치에 따라 그 형태가 계속 달라질 수 있음을 이해해야 비로소 시각으로 들어오는 빛이라는 정보를 '세상을 인지하는 수단'으로 사용할 수 있다.

어쩌면 시각장애인은 시각을 가진 사람보다 더 온전히 3차원의 세상에서 살아가고 있는지도 모른다. 우리에게 너무나 자연스러운 '시각'이라는 감각은 3차원의 공간을 2차원의 제한된 정보를 통해 받아들이게 한다. 거기에 시점이 움직이면서 연속적으로 얻은 다량의 2차원 정보를 통해 3차원 공간을 구성한다. 하지만 여태까지 이를 2차원으로 변환하는 과정 없이 촉각을 통해 3차원을 그대로 받아들여 온 시각장애인은, 세상이 내 '눈의 위치'에 따라 그 형태가 마구 변한다는 사실을 받아들이기 쉽지 않을 것이다.

우리가 4차원을 볼 수 있게 된다면 아마도 그 모습은 낯설고 기괴하게 느껴질 확률이 높다.

그러한 관점에서 우리의 '본다'라는 행위는 대단히 개인적이며 상대적인 감각이다. 같은 환경과 공간에 머물러 있다 하더라도, 각자가 가진 눈의 위치, 시선, 빛의 방향, 시력, 빛에 대한 민감도, 시각 정보를 인지하는 뇌의 활동 등에 따라 전혀 다른 세상으로 인식된다는 점을 이해해야 한다. 우리가 보는 모든 것은 빛이 가지고 있는 '직진성'이라는 특성과 사람의 눈이라는 감각기관이 가진 '시점'이 만들어 낸 합작의 결과다.

빛과 조명을 다룰 때 사용자의 행동에 따른 눈의 위치가 절대적으로 중요한 이유도 여기에 있다. 공간을 밝힐 때 공간의 형태나 조명의

빛과 사람

종류뿐 아니라 사람의 시점이 어디에 있느냐가 그 공간과 세상을 받아들이는 기준이 된다. 이 공간에서 사람이 서 있는지, 앉아 있는지, 혹은 주로 어느 곳을 향해 시선을 두고 움직이는지 같은 것 말이다. 누워 있는 공간과 앉아 있는 공간은 다른 조명 방식으로 계획되어야 한다.

인간은 일반적으로 세상을 인식하는 데 80퍼센트 이상을 시각 정보에 의존한다고 알려져 있다. 그 시각은 곧 '빛'을 통해 인지하는 것임을 의미한다. 게다가 받아들이는 빛을 그대로 인지하는 것이 아니다. 눈을 통해 받아들인 빛은 사람의 뇌에서 보정하는 과정을 거친다. 또한 빛은 시각 정보뿐 아니라 몸의 생리에도 영향을 미친다. 그래서 평면도와 램프, 조명 기구만 가지고는 빛과 공간에 대한 반쪽 이야기가 될 수밖에 없다. 우리는 빛에 대해 생각하는 만큼, 빛을 받아들이는 사람에 대해 생각해야 할 필요가 있다. 2장 '빛과 사람'은 빛을 받아들이는 사람에 대한 이야기다. 빛의 특성과 함께 빛을 받아들이는 사람에 대해 깊이 이해한다면, 우리가 사는 공간과 삶에 어떤 빛이 필요한지에 대해 생각할 수 있는 단단한 밑바탕이 될 것이다.

밝은 건 좋지만
눈부신 건 싫어

어두운 밤 길을 걷다가 눈부신 가로등 불빛에 불편함을 느껴 본 적이 있는가? 맞은편 차선에서 달려오는 자동차의 헤드라이트, 밤중에 켰던 화장실의 불빛 등 분명 어두움을 밝히기 위해 존재하는 조명들이 오히려 눈부심이 되어 불편함을 초래하는 경험을 종종 한다. 왜 그러한 일들이 발생할까? 가로등이 너무 밝기 때문에 눈이 부셨던 걸까? 그렇다고 빛의 밝기를 낮춘다면 길은 전보다 어두워질 것이고, 밝기를 높이면 우리는 더 큰 눈부심을 경험하게 될 것이다. 이러한 현상은 비단 거리의 가로등에서만 발생하는 것이 아니다. 남쪽 창가 자리는 가장 밝지만 밝은 빛으로 인해 가장 불편한 자리가 되기도 하며, 집 안이 어둡다고 생각해 야심 차게 사 온 조명이 오히려 눈부셔서 생활에 방해가 되는 경우도 존재한다.

세상에는 여러 가지 딜레마가 존재하는 것처럼 조명에도 매우 중요한 딜레마가 있다. "밝아야 하지만, 눈부셔서는 안 된다"는 것이다. 무엇을 비추고 밝힌다는 것이 조명의 역할일진데, 이는 단순히 생각하면 눈부시지 않을 정도만 되도록 '적당히' 밝히면 되는 것이 아닐까 하는 생각이 들게 만든다. 하지만 앞의 사례에서도 알 수 있듯 그 대답은 틀렸다. 눈부심은 단지 '과도하게 밝음'의 결과가 아니다. 눈부심은 크게 두 가지 요소를 통해 만들어진다. 하나는 '대비(밝기 차이)'이며, 또 다른 하나는 '시야'다.

빛과 사람

밝은 건 좋지만
눈이 부신 건 싫은 이런 상황,
어떻게 하면 좋을까?

대비

사람의 눈은 카메라 렌즈의 조리개 같은 기능을 가지고 있다. 눈의 홍채는 동공의 크기를 조절함으로써 망막에 맺히는 빛의 양을 조절한다. 밝은 곳에서는 동공의 크기를 줄여 안구로 들어오는 빛의 양을 줄이고, 어두운 곳에서는 동공의 크기를 키워 더 많은 빛을 받아들인다. 이는 카메라에서 조리개가 하는 역할과 같다. 그렇기에 우리는 상대적으로 빛을 받아들이며, 아주 어두운 빛부터 아주 밝은 영역의 빛까지 모두 인식할 수 있는 것이다. 수치상으로 나타나는 절대값의 밝기보다 주변 환경과 바라보는 대상의 밝기 차이가 중요한 이유가 여기에 있다. 맑은 날 야외에서는 어두워서 잘 보이지 않던 스마트폰의 화면이, 어두운 침실에서는 눈이 부셔 밝기 조절을 해야 했던 것도 우리가 빛을 상대적으로 받아들이기 때문이다. 눈부심의 여부는 주변의 밝기와 내가 보고자 하는 것의 밝기 차이, 즉 빛의 대비에 따라 결정된다.

나는 램프가 노출되는 조명 기구를 좋아하지 않는다. 그런데 조명가게를 둘러보다 보면 램프를 감싸는 조명갓 밖으로 전구의 일부가 튀어나와 있는 경우를 심심치 않게 보게 된다. 심지어 필라멘트를 다양한 형태로 만들어 에디슨 전구라는 이름을 붙이고, 일부러 전구를 노출하는 조명을 만들기도 한다. 이러한 조명 기구는 기구 자체가 빛나는 미적인 부분에 의미가 있을지언정, 원하는 공간이나 대상을 밝히는 용도로는 적합하지 않다. 우선 시야에 광원이 직접 들어오기 때문에 사용할 수 있는 램프의 밝기에 한계가 있다. 또한 광원 노출이 만드는 시야 내 강한 대비로 인해 공간을 실제보다 어둡게 느껴지게 한다.

빛과 사람

어둠 속에서 바라보는 스마트폰이 눈부신 이유는 '밝기' 때문이 아니라 '대비' 때문이다.

노출된 램프가 주요 시야에 들어오면, 눈은 그 밝음에 적응하기 위해 동공을 축소시킨다. 눈으로 들어오는 빛의 양이 전반적으로 줄게되며, 결국 주변의 공간이 함께 어두워 보이는 효과를 만든다. 아무리 테이블 위를 밝힌다 해도, 눈앞에서 빛나는 램프보다 밝을 수 없기 때문이다. 결국 조명이 밝아질수록 눈부심은 상승하고 공간은 더어두워 보이게 된다. 맑은 날 낮에 직사광선이 강하게 비추는 거실은 오히려 안쪽의 주방과 부엌이 더 어둡게 느껴지는 것도 이와 같은원리다. 눈부심이 어둠을 만드는 것이다. 이처럼 눈부심을 만드는중요한 원인은 얼마나 밝은 빛을 비추느냐가 아니라 과도한 빛의 대비가 생기느냐로 볼 수 있다.

램프가 노출된 조명은 눈부심이 발생하기 때문에 좋은 빛 환경을 만들기 어렵다.

시야

대비와 함께 눈부심의 요건이 되는 요소가 또 하나 있다. 바로 시야다. 앞서 말한 높은 대비는 우리가 바라보는 장면, 즉 시야를 기준으로 한다. 차량에서 비추는 강한 헤드라이트 불빛은 운전자에게 밝은 시야를 확보해 주지만, 상대방 차선의 운전자들에게는 강한 눈부심이 된다. 그리고 눈부심은 전체 시야에서 모두 동일하게 일어나지 않는다. 우리가 초점을 맞춰 바라보는 시야의 한가운데, 1~2도 안팎의 아주 작은 범위에서 들어오는 빛에 우리는 가장 민감하게 반응한다. 이곳에 강한 빛이 감지되면 우리는 어김없이 눈살을 찌푸리게 되고 동공은 순식간에 작아져 강한 빛이 들어오는 걸 막는다. 정오의 밝은 태양 아래 우리가 생활할 수 있는 것은 시야의 중심부에 태양이 들어오는 경우가 상대적으로 적기 때문이다. 이는 작은 실험을 통해서도 확인할 수 있다. 고개를 들어 천장의 램프를 직접 바라볼 때와 또 램프로부터 조금 떨어진 곳을 바라볼 때 느껴지는 눈부심에는 꽤 큰 차이가 난다는 것을 알 수 있다. 같은 밝기의 조명으로 만들어진 동일한 대비의 공간일지라도 사람이 어디에 위치해 있느냐, 어디를 바라보고 있느냐에 따라 눈부심은 발생하기도, 발생하지 않기도 한다.

나의 첫 아이가 태어나 처음 머문 산부인과 병원의 신생아실 천장에는 아이의 시선에서 볼 때 광원이 그대로 노출되는 조명 기구가 설치되어 있었다. 이곳에 설치된 조명은 눈부심을 방지하기 위해 수직 반사판을 설치한 루버형 기구였다. 하지만 이는 그 밑에 앉거나 서서

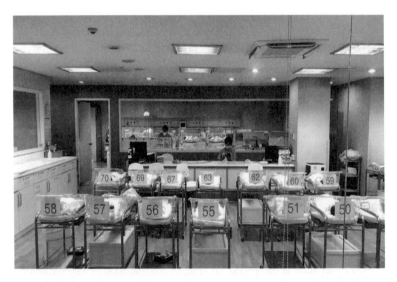

태어난 지 3일 내의 아기들이 모여 있는 신생아실. 아직 스스로 고개를 돌리기 어려워하는 아이들은 불이 켜 있는 동안 누워서 램프를 바라볼 수밖에 없다.

활동하는 일반인의 시선을 기준으로 설계된 조명 기구다. 하루 종일 누워 고개도 스스로 돌리지 못하고 천장만 바라볼 수밖에 없는 신생아는 램프를 눈으로 직접 바라볼 수밖에 없다. 우리가 사는 주거 공간도 마찬가지다. 침대에 누우면 내 시야 정면에 위치하게 되는 방등은 침실에 설치된 조명임에도 불구하고 누워 있는 사람의 시선을 고려하지 못한 조명 기구다.

이렇듯 좋은 빛 환경을 위해 반드시 고려되어야 하는 것은 그곳을 '사용하는 사람의 시선'이다. 고개를 들어 억지로 바라보는 것까지 막을 수는 없겠지만, 주요 동선에서 우리의 눈이 어디를 향하는지 생각하고, 그 시야에 강한 대비가 생기지 않도록 하는 것이 중요하다.

앉아 있는 손님도, 서 있는 직원도 눈부시지 않게 고려한 전등 높이가 인상적이다.

빛과 사람

'대비'와 '시야'라는 두 가지 요소는 "밝아야 하지만, 눈부셔서는 안 된다"라는 어려운 딜레마를 해결할 열쇠가 된다. 딜레마는 우리의 머리를 아프게도 하지만 오히려 그 딜레마를 어떻게 극복하느냐에 따라 생각지 못한 멋진 결과물이 탄생하는 법이다. 우리가 빛을 받아들이고 인지하는 과정을 이해할수록 '조명'이라는 단어는 단지 예쁘게 생긴 등 기구 정도가 아닌, 빛과 사람을 연결시켜 줄 멋진 매개체임을 알아 가게 될 것이다.

흐린 날
기분이
우울한 이유

몇 해 전, 회사에 휴가를 신청하고 아내와 '한 달 살기'를 하기 위해 포르투로 떠났다. 지칠 대로 지친 몸과 마음을 달래기 위해 큰맘 먹고 떠난 여행이기에 기대가 컸다. 그러나 화창한 유럽의 햇살을 기대하고 도착한 포르투는 하필 잔뜩 찌푸린 하늘을 하고 있었다. 숙소에 짐을 풀자마자 서둘러 밖으로 나가 보았지만, 얼마 지나지 않아 비까지 내리기 시작했다. 이곳이 그렇게 좋다고 하던데 우리가 처음 만난 포르투는 칙칙하고 건물도 낡고 어딘가 스산한 그런 도시였다. 포르투의 둘째 날은 앞이 보이지 않을 정도로 안개가 끼더니, 이후로도 흐리고 비 오는 날이 계속됐다. 기대는 실망이 되고 쉽게 나가 놀 수 없으니 점점 더 우울해졌다.

며칠 후, 흐렸던 구름이 사라지고 선명한 태양이 떠올랐다. 우리 부부는 신이 나서 서둘러 준비하고 숙소를 나섰다. 그리고 다시 만난 맑은 날의 포르투는 이전과는 완전히 다른 도시였다. 칙칙했던 붉은 지붕은 태양 빛을 받아 아름다운 빨간색으로 빛나고 있었고, 건물의 외벽은 전면의 멋진 장식들이 다채로운 음영을 이루며 그 자태를 뽐내고 있었다. 오래된 가로수의 잎사귀는 화사한 연둣빛을 뿌리며 빛나고 있었고, 나무 그림자는 산들산들 바람에 흔들리고 있었다. 한낮의 도루강Douro River은 햇살을 맞아 반짝이며 빛났고, 해 질 녘 모루 언덕에서 바라보는 서쪽 하늘은 어김없이 아름다운 색상의 석양

빛과 사람

우리 부부를 실망시켰던 흐린 날의 포르투 도루강

맑은 날의 포르투 도루강. 더 이상의 설명은 필요 없을 듯하다.

으로 물들었다. 처음 도착했을 때의 실망감과 우울감은 간데없고, 한 달 뒤 포르투는 우리 부부의 인생 여행지가 되었다.

기상병이라고 불리는 증상이 있다. 날씨 변화와 밀접한 증상으로, 장마 기간 또는 겨울철 일조시간이 너무 짧아서 사람이 충분히 햇빛을 받지 못할 때 생기는 우울증도 포함된다. 굳이 이 증상을 자세히 설명하지 않아도 우리 대부분은 이것이 어떤 의미인지 경험을 통해 알고 있다. 며칠 동안 주룩주룩 비가 내리는 장마나 구름이 가득 덮인 흐린 날, 또는 미세먼지로 뒤덮여 있는 날씨가 수일 지속되면 사람은 몸도 마음도 활력을 잃고 이내 우울이 찾아온다.

일반적으로 우울함이 생기는 이유로 흔히 두 가지를 이야기한다. 하나는 좋지 않은 날씨로 인해 실외 활동이 줄어 생기는 신체적 활력의 감소, 다른 하나는 노출되는 빛의 양이 줄어들어 생기는 호르몬의 저하다. 하지만 단순히 빛의 양이 줄어서 우울함이 생기는 것은 아니다. 여기에는 줄어든 빛의 양만큼이나 중요한 요소가 하나 더 필요하다. 바로 흐린 날이 가지고 있는 빛의 형태다.

흔히 흐린 날은 어둡다고 생각한다. 하지만 흐린 날의 야외 조도는 의외로 우리가 생각하는 것보다 높다. 단위 면적당 주어지는 빛의 양을 표현하는 빛의 단위로 룩스LUX가 사용되는데, 흐린 날의 조도는 적게는 1만 룩스, 많게는 5만 룩스에 이른다. 맑은 날의 조도가 5만~10만 룩스인 것을 감안할 때 적은 양이라고 생각될지 모르지만, 우리가 생활하는 실내 조도는 보통 1백~3백 룩스, 밝아야 5백~1천 룩스 정도로 형성되어 있다는 생각을 하면 아무리 흐린 날이라도 자연이 만들어 내는 빛의 양은 결코 적지 않다는 것을 알 수 있다.

맑은 날과 흐린 날의 두드러진 차이는 빛의 양보다는 빛이 가진 형태다. 앞서 '태양 빛의 두 가지 얼굴' 편에서 이야기한 것같이 지구에서 태양 빛은 직사광과 천공광, 이 두 가지 형태로 존재한다. 맑은 날의 빛은 천공광과 직사광이 모두 풍부하게 지면을 비추는 환경이다. 직사광을 통해 그림자와 함께 밝고 어둠의 대비가 생긴다. 그림자가 진 곳의 조도와 직사광이 그대로 내리쬐는 곳의 조도 차이도 크게 발생한다. 나무 잎사귀들에 떨어지는 햇살과 그림자가 만드는 대비가 반짝이며 빛난다. 그리고 그 대비와 파동이 마치 강약이 명확한, 신나고 밝은 음악같이 우리를 감싼다.

하지만 흐린 날은 이러한 직사광이 사라진다. 한 방향으로 떨어지는 빛은 구름이나 안개로 인해 가려지고, 오로지 천공을 뒤덮는 균일한 빛만이 존재한다. 나무 위나 아래도, 넓은 운동장도, 빽빽한 건물들 사이에서도 빛의 대비가 적어 평면적으로 보인다. 다양한 양감의 유럽 건물들도 흐린 날에는 희뿌옇고 스산한 장식으로 보일 뿐이다. 이렇게 그림자 없이 균일한 빛만이 대지를 뒤덮고 있는 것이 흐린 날의 빛 환경이다.

흐린 날은 대비도 적고,
그림자도 거의 생기지 않아
밋밋하고 우울한 분위기를 만든다.

빛과 사람

이렇게 명확한 강약 없이 흘러가는 잔잔한 음악 같은 빛 환경은 사람으로 하여금 정적이고 차분한 감정을 느끼게 한다. 그리고 이것이 오래 지속될 경우 우울한 기분을 만들어 내기도 한다. 지루한 음악이 볼륨을 높인다고 신나는 음악으로 바뀌지 않는 것처럼, 빛의 양만 늘어난다고 없던 즐거움이 생기는 것은 아니다. 작은 소리로도 통통 튀는 즐거움을 선사하는 음악이 존재하는 것처럼, 사람의 감정을 만지는 빛은 색과 밝기뿐 아니라 적당한 강약을 가진 빛의 리듬이 필요하다. 거기에 적정한 광량과 대비가 바탕이 된다면, 효과는 배가 된다.

흐린 날의 빛과 아주 유사한 조명 환경이 있다. 바로 우리가 일하는 일반적인 사무 공간의 조명이다(우울한 이야기라고 생각해도 할 수 없다). 사무실은 기본적으로 모든 공간에 균등한 조도를 주는 방식으로 조명을 배치한다. 그것이 상황에 따라 공간 구성과 배치가 달라지는 가변적인 공간을 위한 가장 쉬운 조명 방법이기 때문이다. 사무실뿐 아니라 용도와 배치가 미리 정해지지 않은 대부분의 실내 공간은 등 간격이 균등하게 조명을 배치함으로써 실내 공간의 조도를 가능한 균등하게 맞춘다. 그러한 조명은 어떠한 배치로 이 공간을 사용하더라도 무난하게 사용할 수 있다.

사무 공간뿐 아니라 방등으로 대표되는 우리의 주거 환경도 크게 다르지 않다. 우리 주변을 살펴보면 아마도 대부분의 공간은 이처럼 동일한 간격으로 배치된 동일한 광량의 조명을 사용하고 있을 것이다. 이것은 가장 좋은 빛이기 때문에 결정된 조명 배치가 아니다. 단

균일한 조도를 위해 배치된 적당한 배광의 동일한 간격 조명은 흐린 하늘과 유사한 빛 환경을 만든다.

지 효율적이며, 공간을 어떻게 사용하든 크게 문제가 생기지 않는 가장 '무난한' 조명 방식일 뿐이다. 하지만 이러한 조명은 리듬감 없는 지루한 빛 환경을 만든다는 단점이 있다. 그렇게 우리는 가장 많은 시간을 보내는 실내에서의 시간 대부분을 흐린 날 같은 조명 속에서 살아간다.

균일한 조도는 마치 하늘의 천공광처럼 우리에게 매우 필요한 조명 방식이다. 천공광은 직사광의 심한 대비를 감소시키기도 하고, 그림자를 옅어지게 만드는 역할을 한다. 미처 태양 빛이 닿지 못하는 구석구석에 빛을 보내 주는 존재다. 하지만 천공광만이 존재하는 흐린 날의 빛은 마치 느리고 우울한 음악처럼 우리의 감정을 우울하게 만드는 요소로 작용한다. 단순하고 균일한 박자의 리듬이라도, 그 위에 다양한 선율을 가진 악기들이 조화를 만들어 나간다면 새롭고 멋진 음악이 될 수 있다. 이처럼 우리 생활 속의 빛 환경 또한 균일한 빛과 대비를 만드는 빛이 조화를 이룰 때 보다 풍성하고 좋은 빛 환경을 만들 수 있다. 지금 당신의 공간이 가진 빛을 음악으로 표현한다면 어떤 음악과 같은가? 우리 공간에는 어떠한 빛의 리듬이 필요할까?

빛 으 로
동 기 화 되 는
시 계

새벽 운동을 시작하면서 나는 늘 동이 트는 새벽녘의 동쪽 하늘을 바라본다. 칠흑같이 어두웠던 하늘이 점차 영롱한 붉은빛을 띠며 밝아져 오는 모습을 보기 위해서다. 나는 이 시간을 좋아한다. 따뜻했던 이불을 힘겹게 박차고 나온 부지런한 나에게 주는 선물 같은 시간이다. 잠시 동안 붉었던 새벽하늘은 해가 떠오름과 동시에 점차 하얀빛으로 바뀐다. 시간이 지나 하늘 높이 떠오른 태양 빛은 흰색을 넘어 드넓은 천공광과 함께 푸른빛을 띠게 된다. 그렇게 동쪽에서 뜬 태양은 풍성한 빛을 땅 위에 쏟아 내고, 세상에서 가장 큰 반원을 그리며 서쪽 하늘로 넘어간다. 이후 태양의 고도가 낮아지면서 푸른빛은 다시 백색으로 그리고 노란색을 넘어 붉게 타오르며 찬란했던 하루를 마감한다.

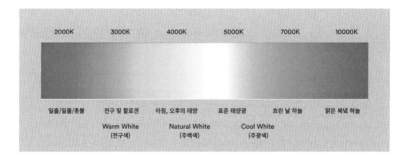

색온도 스펙트럼. 일상에서 사용하는 빛의 색상은 주로 이 색온도를 기준으로 한다.

빛과 사람

'색온도'라는 개념이 있다. 영어로 Color temperature, 흔히 생각하는 그 '온도'가 맞다. 이 공감각을 자극하는 단어를 처음 접했을 때 굉장히 생경했다. 하지만 실제로 '온도'와 '빛의 색'의 연관 관계를 기반으로 생겨난 단어다. 물체는 일정 이상의 온도에 다다르면 빛을 내기 시작한다. 그리고 그 빛은 온도에 따라 다른 색을 보여 준다. 물체를 이루는 물질마다 색 차이가 났기 때문에 모든 빛을 흡수하고 방출하는 검은색 물질인 흑체black body를 가정하여 흑체복사[3]를 정의하고, 각 온도별로 나타나는 색을 스펙트럼으로 나타냈다. 그래서 색온도는 모든 색이 포함되어 있지 않고, 온도에 따라 달라지는 흑체복사의 붉은색-노란색-흰색-푸른색의 스펙트럼을 보여 준다.

색온도는 절대온도인 켈빈(K)으로 표시하며 3천 켈빈은 백열전구와 같은 오렌지색, 4천 켈빈은 샴페인 색과 같은 아이보리 색, 5천 켈빈 이상은 한낮의 태양 빛과 같은 푸른색의 빛을 나타낸다. 태양의 하루 색온도는 붉은빛을 띠는 낮은 색온도에서 푸른빛을 띠는 높은 색온도로 바뀌었다가 다시 낮은 색온도의 일몰을 맞이하는 것을 반복한다. 그리고 지구상의 모든 생명체는 이 빛의 사이클에 적응하며 살아간다.

---

3   일정한 온도에서 열평형을 이루는 물체가 복사열이나 전자기파 방출만으로 열을 내보내는 현상을 말한다. 반사의 효과를 없애기 위해 검은 물체를 고려하기 때문에 이와 같은 이름이 붙었다. 다양한 파장의 빛이 나온다.

하루의 색온도는
일정한 사이클에 맞춰 변화하며,
우리는 그 빛에 적응해 살아간다.

빛과 사람

오래전부터 식물이나 동물, 그리고 사람에게 하루를 주기로 하는 변화들이 발견돼 왔다. 이를 일주기 리듬(circadian rhythm)이라고 한다. 하지만 정확히 어떤 기관에서 어떤 요인과 과정을 통해 그러한 생체 시계가 작동하는지 과학적으로 증명된 것은 그리 오래되지 않았다. 뇌의 시상하부에 위치한 2만 개의 세포로 이루어진 시교차상핵(suprachiasmatic nucleus, SCN)이 하루의 생체리듬에 관여한다는 사실이 밝혀진 것은 1970년대 들어서였다. 시교차 상핵을 제거한 쥐의 생체리듬에 문제가 생긴 것을 발견한 것이다. 하지만 그 생체 시계가 어떻게 지구의 자전주기와 동기화되는지, 어떤 과정을 거쳐 일하는지는 정확히 알 수 없었다. 그 비밀들이 본격적으로 밝혀지기 시작한 것은 21세기가 시작된 이후부터다.

백 년이 넘는 시간 동안 인류는 사람의 눈 속에 빛을 감지하는 세포의 종류는 원뿔세포와 막대세포 두 가지뿐이라고 생각했다. 이 두 가지 시세포가 망막에 분포하여 빛을 감지하고, 이 시각 정보를 뇌에 보낸다는 것이 이전까지의 오래된 학설이었다. 그러다 2002년 미국 브라운대학의 데이비드 버슨David Berson 교수가 망막 속에서 빛을 감지해 생체 시계에 전달하는 감광신경절세포(ipRGC)를 발견해 사람과 빛에 대한 새로운 분야가 펼쳐지게 되었다. 현재 생체 시계 관련 분야는 전 세계 과학자들이 가장 많이 연구하는 주제 중 하나다. 2017년에는 유전자 속에 생체 시계를 통제하는 단백질을 찾아낸 세 명의 미국 과학자가 노벨 생리·의학상을 수상하기도 했다.

생체 시계를 외부 환경과 동기화하는 데 가장 큰 비중을 차지하는 것은 '빛'이다. 자연이 주는 빛의 변화에 따라 우리는 신체 리듬과 심리에 영향을 받는다. 해가 뜨고 지면서 생겨나는 빛의 양적인 변화뿐 아니라 하루를 주기로 변화하는 색온도도 생체 시계에 중요한 요소로 작용한다. 망막 속에 새롭게 발견된 감광신경절세포는 우리의 시각 정보에는 관여하지 않지만, 빛의 정보 특히 청색광에 가장 민감하게 반응한다. 아침이 오고 태양의 고도가 높아짐에 따라 늘어나는 자연의 푸른빛은 우리의 활력과 집중력을 높이는 각성 효과를 불러일으킨다. 하루 중 가장 많이 활동하는 시간인 것을 몸이 빛을 통해 파악하고 적응하는 것이다. 이와는 반대로 늦은 오후와 저녁의 색온도인 붉고 노란빛의 색온도는 멜라토닌 생성을 촉진해 휴식과 수면을 돕는다. 사람의 몸속 시계가 자연의 빛으로 동기화되고 있었던 것이다.

하지만 현대의 우리는 자연이 주는 빛의 변화만으로 살고 있지 않다. 우리는 낮 시간의 대부분을 외부보다는 실내에서, 자연의 빛보다 인공조명 아래서 생활한다. 때문에 수만 룩스의 태양 빛이 아닌, 몇백 룩스 정도의 인공조명으로 받아들이는 빛이 전부인 경우가 대부분이다. 그리고 그와 반대로 우리의 밤은 자연처럼 충분히 어둡지 못하다. 몸이 휴식과 수면을 준비해야 할 시간에 우리는 밝은 실내 조명 아래 몸의 충전을 유보한다. 우리는 그렇게 너무 어두운 낮과 너무 밝은 밤을 보내고 있다.

앞서 설명한 색온도는 인공조명에서도 사용된다. 흑체복사와 완전히 동일한 파장을 갖지는 못하지만, 유사한 영역의 범주에 속한 빛들은 흑체복사의 색온도 표기법을 사용한다. 열을 냄으로써 빛을 만들어

빛과 사람

내는 백열전구와 할로겐은 2,700켈빈~3,000켈빈의 빛을 만들어 낸다. 우리가 흔히 말하는 '전구 색'은 이 낮은 색온도의 빛을 의미한다. 전구 이후에 개발된 형광등은 가스 방전으로 만들어진 자외선을 형광물질을 통해 가시광선으로 변환시키며 빛을 만들어 냈는데, 초기에는 주로 낮의 태양 빛과 비슷한 6,500켈빈(푸른빛의 색온도)으로 사용되다 다양한 색온도로 확대되었다. LED에 이르러서는 광원의 종류와 색온도가 완전히 분리되어, 이제는 원한다면 어떤 색온도의 빛이든 만들어 낼 수 있게 되었다.

국내 색온도 표기는 혼란을 주는 경우가 많다. 특히 일광(Daylight)을 표현한 '주광색'의 경우 그 말이 한자어인데다 일반적인 색 표기와도 거리가 있어 요즘 시대에 사용하기 좋은 명칭이라고 보기 어렵다. 전구색 역시 백열전구를 사용하지 않게 되면서 직관성과 연계가 떨어진다. 무엇보다 색온도 이름 간 통일성이 없어 개선이 필요한 영역이라는 생각이 든다. 그래서 최근에는 전구색 / 주백색 / 주광색 대신 warm white / natural white / cool white 같이 통일된 명칭을 사용하거나 켈빈(K)을 함께 사용하는 경우도 있다.

공간의 빛과 색온도는 그 공간을 사용하는 시간과 용도에 따라 정해질 필요가 있다. 사무실이나 학교 같은 공간은 높은 색온도의 조명을 사용한다. 공간을 사용하는 주된 시간이 해가 떠 있는 낮 시간이며, 활동성과 집중력이 필요한 공간이기 때문이다. 창으로만 들어오는 부족한 자연광을 높은 색온도의 주광색 램프가 보완해 줄 수 있다. 이와는 반대로 카페, 백화점, 화장실 같은 공간은 낮은 색온도의 조명을 쓴다. 안정을 취하고, 편안하고 감성적인 심리 상태를 갖도록 하는 데 도움이 되기 때문이다. 주거 공간도 이와 같은 기준을 적용할 수 있다. 낮 시간 사용을 위해서는 높은 색온도의 조명을, 휴식과 수면을 위한 공간에는 낮은 색온도의 조명을 사용하는 것이 좋다.

조명이 발전하면서 편리한 점도 많아졌지만 반대로 잘못된, 혹은 과도한 인공조명에 노출될 경우 정신적, 신체적 건강에 문제를 일으킬 수 있다는 가능성 역시 함께 갖게 되었다. 낮은 색온도의 조명만 비추는 실내에서 태양 빛을 보지 못하고 낮 시간에 반복적으로 일하는 백화점의 직원들은 주광의 푸른빛을 받지 못해 신체적, 감성적 활력이 줄어드는 일이 발생하곤 한다. 이와는 반대로 푸른색 형광등 아래에서 저녁 시간을 보내는 사람은 자연의 사이클과 어긋난 빛에 노출됨으로써, 휴식하고 수면을 취해야 하는 몸 상태를 만드는 데 방해를 받거나 심할 경우 불면증의 원인이 될 수도 있다. 그렇기 때문에 색온도는 분위기라는 단순한 미적인 영역을 넘어 신체와 정신적 건강을 위해서도 고려해야 할 요소다.

최근 '블루라이트'가 이슈가 되는 이유도 이러한 생체 시계 분야의 발전 때문이다. 감광신경절세포가 푸른빛에 민감하게 반응한다는 사실이 밝혀지면서 오랜 시간 노출되는 스마트폰이나 모니터의 디스플레이에서 나오는 높은 색온도의 빛이 신체리듬의 변화나 수면 유도

자연이 시간에 따라 색온도를 달리하듯, 우리의 공간도 목적에 따라 색온도를 달리할 필요가 있다.

장애, 나아가 불안을 일으킬 수 있다는 우려가 제기되었기 때문이다. 이를 착안해 최근의 스마트폰에는 저녁 시간이 되면 블루라이트를 줄여 주는 기능이 추가되었다. 이는 취침 전 수면을 도와주는 빛 환경을 조성하는 데 도움을 준다. 하지만 스마트폰의 빛도 우리의 공간을 가득 채우는 조명 빛에 비하면 매우 적은 양이라고 볼 수 있다. 저녁 시간 공간의 청색광을 줄이는 것 역시 우리의 생리와 건강을 위해 필요해 보인다. 우리가 생활하는 공간과 생활에서 알맞은 색온도의 빛을 고르고 사용하는 방법을 조금씩 익힌다면, 보다 자연스럽고 편안한 빛 환경에서 살아갈 수 있으리라 생각한다.

최근 세계 유명 램프 브랜드와 조명 회사들, 그리고 가구 업체에 이르기까지 램프에 칩을 넣고, 리모컨을 달고, 사물인터넷을 접목시키면

서까지 색온도를 변화시키고자 하는 이유가 여기에 있다. 이전에는 색온도가 램프의 종류에 국한돼 있다가 램프의 종류에 상관없이 다양한 색온도의 제품이 나오는 시기를 거쳐, 이제 하나의 램프로도 시시각각 색온도를 조절할 수 있는 시대가 시작되었다.

지구는 이미 태양과 대기, 날씨를 통해 그리고 공전과 자전을 통해 다채롭고 아름다운 빛 환경을 만들어 놓았다. 빛의 형태와 양 그리고 색상에 이르기까지 다양한 빛의 모습으로 자연의 빛 환경은 이루어지고 또한 반복되며, 그 속에서 사는 인류는 그 빛에 적응하고 누리며 살아왔다. 이제 인류는 스스로 빛을 만들고 자신이 만든 빛을 누리며 살아가고 있다. 앞으로 우리의 빛은 지금의 편리함을 넘어, 자연의 빛처럼 풍성하고 편안하며 아름다운 빛의 모습으로 발전하게 될 것이다. 좋은 빛을 고민할 때마다 자연을, 그리고 자연 속에 살아가는 우리의 모습을 바라보게 되는 이유이기도 하다.

어머님은
전구색이
싫다고 하셨어

조명 디자이너가 되어 빛에 관심을 갖게 된 후, 나는 집 안의 램프를 하나씩 바꾸기 시작했다. 차가운 주광색의 형광등 조명을 보다 따뜻한 전구색 조명으로 말이다. 모든 램프를 한 번에 다 바꾸는 것은 비용도 비용이지만, 아직 수명이 많이 남은 램프가 있었기 때문에 쉽지 않았다(물론 그럼에도 내 방의 조명은 쿨하게 한 번에 바꿔 버렸지만). 거실과 복도의 램프가 깜빡거리면 나는 쏜살같이 달려가 미리 사 둔 전구색 램프로 교체하곤 했다. 점차 따뜻한 빛으로 바뀌는 집을 보니 흐뭇했다. 그런데 바뀐 조명을 바라보는 어머니의 표정은 그다지 좋아 보이지 않았다. 그렇게 굳은 의지로 램프를 하나둘씩 전구색으로 바꿔 가던 어느 날, 결국 어머니는 내게 이렇게 말씀하셨다.

    "난 노란색 조명은 눈이 침침해서 싫어."

나는 어머니께 왜 전구색 조명을 써야 하는지 열심히 설명했다. 어머니가 기존의 형광등에 너무 익숙해져서 그런 걸 거라고, 시간이 지나면 괜찮아질 거라며 말이다. 하지만 그 생각은 나의 무지에서 비롯된 것임을 아는 데 그리 오래 걸리지 않았다. 어머니가 느끼는 침침함은 단지 익숙하지 않아서 생기는 현상이 아니라 나이에 따라 변하는 시각 능력의 차이 때문이었다.

사람은 나이가 들어감에 따라 시각 능력이 저하된다. 우리는 흔히 나이가 들면 생기는 노안老眼을, 가까운 것을 보기 힘든 원시 정도로만 생각하는 경우가 많다. 원시는 나이가 들수록 수정체의 유연성이 떨어지면서 생기는 현상이다. 하지만 노안은 이보다 훨씬 다양한 방식으로 나타난다. 여기에는 수정체의 맑기와 감각 기관의 기능 저하 등이 원인이 된다.

우선 나이가 들수록 눈으로 받아들이는 빛의 양이 적어진다. 망막에 도달하는 빛의 양은 눈동자의 구멍, 즉 동공에 의해 결정된다. 나이가 들어감에 따라 특정 양의 빛을 보기 위한 동공의 크기가 작아지며, 눈으로 들어오는 빛의 양이 줄어든다. 때문에 고령자의 경우 동일한 빛 환경이어도 젊은 사람보다 어둡게 느낀다. 60세 이상이 되면 일반적인 조도의 두 배 정도가 필요하다고 한다. 그렇다. 실제로 어머니는 동일한 공간을 내가 보는 것보다 어둡게 보셨던 거다. 전구색의 램프는 동일한 제품을 기준으로 주광색의 램프보다 대부분 광량이 적다. 게다가 색감도 익숙하지 않았기에 내가 바꾼 우리 집의 빛 환경은 어머니가 느끼기에는 어둡고 답답했을 수밖에 없었던 것이다.

또한 노안이 되면 선명도가 줄고 눈부심이 늘어난다. 이는 안구를 채우고 있는 무색투명한 유리체4의 투명도가 감소하면서 발생하는 현상이다. 투명도가 떨어진 유리체는 빛이 그대로 통과하지 못하고 안구 속에서 산란하게 만든다. 결국 망막에 맺히는 상의 선명도가 조금씩 줄어들 수밖에 없고, 중심 시야 바깥에 놓인 빛을 통해서도 쉽

---

4   수정체와 망막 사이의 안구 속을 채우고 있는 반고체의 투명한 물질

빛과 사람

같은 빛 환경에 있다 하더라도 나이에 따라 빛을 받아들이는 정도가 다르다.

게 눈부심을 느끼는 상태가 된다. 마지막으로 적응력이 떨어진다. 수정체의 유연성이 떨어져 초점을 잡는 속도가 점차 늦어지며, 빛의 밝기에 대응해 동공의 크기를 조절하는 순응 속도도 젊은 사람에 비해 오래 걸리게 된다. 어두운 터널을 들어가고 나갈 때, 급작스러운 빛 변화에 적응하지 못한다면 위험성이 증가할 수밖에 없다. 같은 환경에 놓여 있더라도 사람에 따라, 나이나 시각 능력에 따라 받아들이는 빛은 모두 다르다. 내가 좋은 빛이라며 만든 환경이 또 다른 누군가에게는 불편하고 어두운 (혹은 눈부신) 환경이 될 수 있다.

그렇기 때문에 우리는 다양한 사람들, 특히 시각 약자를 위한 빛에 대해 고민해야 한다. 약자를 위한 디자인이 결과적으로는 모든 사람을 위한 디자인으로 확장될 수 있다는 보편적 설계(Universal design)의 개념을 빛에도 적용시킬 필요가 있다. 더군다나 이것은 인간이라면 누구나 예외 없이 겪게 되는 자연스러운 변화이기도 하다. 한 개인의 공간이라면 개인에게 맞추는 것으로 충분하겠지만, 다양한 사람이 머무는 공간일수록 시각 약자를 위한 빛과 제어 계획이 필요하다. 이를 위한 가장 쉬운 방법은 시각 약자가 사용하는 공간을 보다 높은 수준의 조도로 계획하고 만드는 것이다. 이때 램프의 전력을 나타내는 와트(W)보다 실제 광량을 나타내는 루멘(lm) 값을 참고하는 것이 실제 밝기를 이해하는 데 도움이 된다. 그리고 빛의 밝기를 조절할 수 있도록 조광(Dimming)5이 가능한 조명을 사용해 사용자마다 다른 시각 능력을 고려한 빛 환경을 만들 수 있다. 그뿐 아니라 사용 시간, 용도에 따라 그에 적합한 빛의 밝기를 조절할 수 있어 더 편안하고 다양한 빛을 만드는 유용한 도구가 된다. 인테리어 조명 전문가 오사 피엘스타드Åsa Fjellstad는 "조광기가 없는 조명은 볼륨을 조절할 수 없는 오디오와 같다"고 표현했을 정도다.

---

5   조명 설비에서 광원의 광속을 변화시키는 것. 조명 환경의 극적 효과나 분위기를 바꾸기 위해, 혹은 에너지 절감을 위해서 변화시킨다.

빛과 사람

또 다른 방법으로는 중간 단계의 색온도를 사용하는 것이다. 내가 원했던 전구색과 어머니가 원했던 주광색 사이에는 주백색 혹은 미색(아이보리)이라 불리는 중간색, 색온도 4천 켈빈 조명이 존재한다. 이는 전구색과 주광색 사이의 빛으로, 전구색의 빛 색깔에 아직 익숙지 않은 사람이 접근하기에 좋은 색온도다. 이전에는 고압 램프 같은 특수등에서 주로 사용할 수 있는 색상이었지만, 램프의 발달로 이제는 어디에나 4천 켈빈의 조명을 사용할 수 있게 되었다.

마지막으로는 빛의 형태를 변화시키는 방법을 들 수 있다. 적은 수의 조명으로 넓은 공간을 고르게 비추기 위해서는 그만큼 광원이 강해지고 눈부심이 생길 수밖에 없다. 높은 광량의 조명 하나보다 적당한 광량의 조명을 여러 개 설치하는 것이 눈부심 방지에 좋다. 또한 간접 조명을 사용해 전반적인 빛의 대비를 낮추어 부드러운 시 환경을 만들고 책상, 탁자 같은 시각 활동이 필요한 주요 부분에 별도의 집중 조명을 사용하면 눈부심은 적고 시각 활동에 불편하지 않은 공간을 만들 수 있다. 이는 효율적인 측면에서도, 심미적인 측면에서도 더 나은 방법이다.

반대로 어린아이의 시 환경도 생각해 볼 필요가 있다. 갓난아이의 경우 수정체의 투명도와 아직 완성되지 않은 시신경 등을 고려했을 때 성인보다 빛에 더 민감한 상태로 볼 수 있다. 하지만 아기는 하루 종일 누워서 천장등을 직접 보고 있으면서도 눈부시다고 항의할 능력이 없다. 아이의 시 환경은 성인보다 민감하다는 것을 고려하여 직접적인 눈부심을 최소화하고 천장의 직접 조명보다는 벽면이나 스탠

아기는 더 맑은 수정체를 통해 빛을 감지하기에 성인보다 빛에 민감하다.

드의 간접 조명을 사용하는 것이 좋다. 조명은 서서 활동하는 성인 기준으로만 생각해선 안 된다.

우리는 너무 쉽게 서로의 세상이 다를 수 있음을 놓치곤 한다. 좋은 빛은 특정한 공식이나 숫자로만 만들어질 수 있는 것이 아니다. 같은 공간에 있다 할지라도 누군가는 어둡다고 느끼고 누군가는 밝다고 느끼는 것처럼, 다름을 인정하고 서로 깊이 이해하며 배려할 수 있는 마음이 필요하다.

빛과 사람

그들이
쓰지 않는 색

우리의 귀는 특정 주파수의 음을 더 크게 듣는 경향이 있다. 인간의 청각은 선천적으로 '파'라고 불리는, '350헤르츠 주파수의 네 번째 F음'을 들을 때 같은 크기의 다른 음에 비해서 민감하게 반응한다. 이로 인해 다른 음에 비해 '파'는 더 크다고 느끼게 되며, 그 결과 다른 음과 함께 연주할 때 이 음은 유독 튀게 들리는 경우가 많다. 그래서 세상의 모든 악기의 현은 네 번째 음역대의 현을 다른 현에 비해 작은 소리를 내게끔 튜닝 하며, 우리가 사용하는 스피커 역시 이러한 제조 과정을 거친다. 이 현상을 싫어하는 음악가는 일부러 이 음을 제외하고 음악을 만들기도 한다.

물론 이 이야기는 사실이 아니다. 음악에 전문적인 지식을 가진 분이라면(혹은 그렇지 않더라도), 위의 글을 읽으면서 말도 안 되는 소리라며 인상을 찌푸렸을지 모른다. 맞다. 우리의 청각이 다른 음에 비해 특별히 더 큰 소리로 인식하는 특정 음이 있다는 것은 근거 없는 이야기다. 당연히 악기나 스피커가 이를 위한 특수한 튜닝을 할리도 없다. 특수한 영역대의 파장에 우리의 감각이 더 민감하게 반응한다는 사실은 직관적으로 이해하기 어렵다. 하지만 실제로 일어나고 있는 현상이다. 청각이 아닌 시각의 영역에서 말이다.

내가 한창 조명 설계를 하던 2000년대 후반은 서서히 LED를 사용하기 시작하는 시기였다. 지자체는 신기술 지원 정책에 힘입어 당시엔 아직 고가였지만 LED를 사용했다. 돈을 쓰면 티를 내고 싶은 법이다. 비싼 LED 조명을 보여 주는 데 가장 효과적인 방법은 색을 사용하는 것이었고, 그래서 거리에는 총천연색 빛을 자랑하는 교량과 육교가 많이 생겨났다. 당시 반강제로 색 연출 계획을 짜내며 이 색, 저 색을 사용해 작업하고 있던 나에게 뒤에 계시던 소장님이 이렇게 말씀하셨다.

"초록색 빛은 절대 쓰지 마!"

처음에는 개인의 취향을 디자인에 강요하는 게 아닌가 생각했다. '절대'라는 말은 함부로 붙이는 것이 아닐 뿐더러, 다양한 색이 있고 조합이 있는데 초록색은 쓰지 말라는 소장님의 지시에 살짝 반발심도 생겼다. 하지만 그런 지시에는 이유가 있었다. 우리 눈이 가진 특성 때문이었다.

초록색 빛은 어두운 곳에서 눈에 가장 잘 띄는 만큼 다루기 어려운 색이다.

빛과 사람

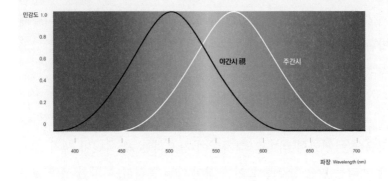

주야간 비시감도 곡선

민감도 1.0
0.8
0.6
0.4
0.2
0

야간시 視   주간시

400   450   500   550   600   650   700
파장 Wavelength (nm)

CIE(국제조명위원회)가 정리한 비시감도 곡선.✳ 주간과 야간 파장별 사람의 빛 민감도를 나타낸다.

우리는 홍채를 통해 굴절된 빛이 망막에 상을 맺으며 시각 정보를 인지한다. 망막에는 원뿔세포와 막대세포라는 두 가지 주요 시세포가 존재하는데, 원뿔세포는 밝은 환경에서 더 활발하게 활동하고 막대세포는 어두운 환경에서 활발하게 활동한다. 우리의 시신경은 이 두 가지 세포가 상황에 따라 조화롭게 역할을 분배하며 이루어진다. 그래서 수만 룩스에 이르는 정오의 태양 아래서도, 1룩스가 채 되지 않는 달빛 아래서도 우리는 꽤 정확하게 사물을 볼 수 있다. 하지만 이로 인한 특이한 현상도 발생한다. 원뿔세포와 막대세포가 더 민감하게 반응하는 빛의 파장 영역대가 각각 다르기 때문이다.

푸르키녜Purkyně 현상이라고 부르는 이 현상은, 이를 발견한 체코의 생리학자 얀 에반겔리스타 푸르키녜Jan Evangelista Purkyně의 이름에서

따왔다. 이 현상에 따르면 우리는 낮 시간에는 555나노미터 파장의 노란색-빨간색 계열의 빛에 더 민감하게 반응하고, 어두운 밤에는 507나노미터 파장, 즉 초록색-파란색 빛에 가장 민감하게 반응한다. 바꿔 말하면, 같은 에너지의 빛이라 할지라도 밝은 곳에서는 노란 계열의 빛을, 어두운 곳에서는 초록색 계열의 빛을 더 밝고 강하게 인지한다는 얘기다. 동일한 색 조합이라도, 주변 밝기에 따라 색의 조합이 다르게 보인다는 의미도 있다.

밤을 밝히는 야간 경관 조명에서 초록색을 피해야 할, 또는 조심해서 사용해야 하는 이유가 바로 여기에 있다. 물리적으로 같은 광량의 빛을 사용하더라도, 어둠 속에서 우리 눈은 다른 색보다 초록색 빛을 더 잘 인지한다. 특히 절대적인 태양 빛이 주가 되어 반사가 이루어지는 주간의 빛 환경보다, 가로등과 간판 등 각종 인공 조명들이 뒤섞인 야간의 빛 환경에서 이 현상은 더욱 도드라진다. 여러 가지 색이 어우러졌을 때 초록색 계열의 색이 다른 색에 비해 쉽게 튀거나 혹은 촌스러워 보이는 이유는 우리 눈이 가진 이런 특성 때문이다. 이처럼 초록색은 빛으로 사용하기에 가장 민감한 색이다. 우리 눈의 이러한 특징은 알게 모르게 조명뿐 아니라 디자인과 생활의 영역에서도 폭넓게 사용되고 있다.

늘 감탄을 마지않는 애플의 홈페이지에서는 초록색을 찾아보기 힘들다. 얼핏 보아선 영역의 구분 없이 다양한 색이 화려하게 화면을 수놓는 것처럼 보인다. 하지만 자세히 살펴보면 이미지를 이루는 주된 요소나 넓은 면적을 가진 색상들에서 초록색은 거의 찾을 수 없

빛과 사람

애플 홈페이지. 얼핏 보면 모든 계열의 색이 사용된 것 같지만, 자세히 들여다보면 초록색 사용을
배제하거나 자제했음을 알 수 있다. (Apple, 2021)

다. 초록색이 사용되는 경우는 여러 색이 조화를 이루는 장면보다는 상대적으로 눈에 잘 띄어야 하는 주요 아이콘, 토글 스위치,[6] 상태 표시 바와 같이 작은 크기를 가진 기능적인 영역에 한정된다. 앞서 말했던 것처럼 만약 음계 중 우리의 귀가 특정 음을 튀게 감지한다면, 뮤지션은 그 음을 매우 조심스럽게 사용하거나, 또는 아예 배제하고 만드는 방식을 찾으려 할 것이다. 애플이 이처럼 다양하고 화려한 색을 사용하지만 유치하거나 촌스럽지 않았던 이유 중 하나는 초록색의 사용을 최대한 자제했기 때문이라고 볼 수 있다.

초기 애플의 로고에는 다양한 색과 함께 초록색이 들어갔지만 현재는 사라진 지 오래다. 그에 반해 구글은 여전히 로고에 다양한 색과 함께 녹색을 과감히 사용한다. 각각의 밝기와 크기가 다르게 보일만큼 색 조합이 강하다. 고급스러움이나 시각적 편안함은 떨어지지만, 구글 로고의 초록색은 그만큼 눈에 잘 띄고 선명하다. 이러한 이유 때문인지 구글 로고의 변천사를 보면 초록색의 채도가 점점 낮아지고 있는 것을 볼 수 있다. 이런 민감함 때문에 녹색은 로고에서 대부분 독립적인 색으로 쓰거나 무채색과 함께 쓰는 경우가 많다.

앞의 이유와 반대로, 필요해서 일부러 녹색을 사용하기도 한다. 우리가 하루에도 수십번 보는 비상구 표지판과 도로 위 교통 안내 표지판이 그 예다.

---

6   원래는 길게 튀어나온 부분을 내리거나 세우는 스위치를 뜻하나, 인터넷에서는 두 개의 접점 중에서 어느 위치에서든지 작동되는 스위치를 뜻한다.

1997-1998 (Pre-launch)	**Google** September-October 1998	**Google!** September 1998–May 1999
Google May 1999–May 2010	**Google** May 2010–September 2013	**Google** September 2013–September 2015

G Google

September 2015-Present

구글 로고 변천사. 시간이 갈수록 초록색의 비중이 줄고, 색도 점차 차분해지는 것을 볼 수 있다.

비상구 표지판과 교통표지판을 왜 녹색으로 만들었을까? 우리 눈에 그 답이 있다. 비상구 표지판은 전기가 나간 어두운 상황에서 적은 전력으로도 가장 쉽게 눈에 띌 수 있도록 제작되었다. 도로 표지판은 눈의 피로도 때문이라고 알려졌지만, 그보다는 어두운 곳에서 초록색 파장에 더 민감한 눈의 특성을 고려한 디자인이라고 보는 편이 좀 더 일리 있다.* 이는 미국을 비롯한 많은 나라에서 녹색 교통표지판을 채택한 이유이기도 하다.

우리가 사용하는 수많은 조명과 디스플레이 장치들은 우리 눈의 이러한 특성을 반영해 배치한다. CIE(국제조명위원회)는 1924년 표준 비시감도 곡선을 발표해 주간시晝間視, 야간시에 따른 민감도 변화의 기준을 제시하고, 다양한 기업과 기관들은 이를 기준으로 반영하고 있다.

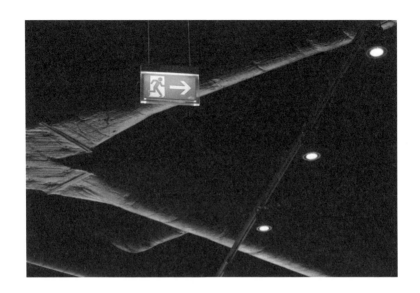

하지만 어디까지나 표준화를 위한 작업이며, 사람마다 민감한 정도의 차이는 있기 때문에 이를 완벽하게 제어하기는 어렵다. 조명 기구마다, 디스플레이마다, 주변 환경마다, 보는 사람마다 각기 다른 감도 변화를 보이는 것이 불가피하다. 그래서 색의 미세한 차이를 다루는 분야일수록 초록색 빛은 다루기 어려운 존재가 된다.

초록색은 우리 주변에서 쉽게 볼 수 있는 아름답고 풍부한 자연의 색이다. 그렇기에 많은 사람이 사랑하고 또 그만큼 많이 사용되는 색이다. 초록색을 보다 아름답게 사용하고 싶다면, 최대한 조심해서 다루기를 권한다. 어둡거나 밝은 곳, 출력물과 다양한 스크린에서 검토하여 조화로운 빛을 만들 필요가 있다.

빛과 사람

조명에도
페이드 인이
필요합니다

우리 집 거실에는 마샬의 블루투스 스피커가 놓여 있다. 내가 이 스피커를 좋아하는 이유는 상단의 다이얼 조작부에 있다. 앰프 제조사로 유명한 회사의 제품답게 스피커 볼륨과 이퀄라이저 조작을 디지털 버튼이 아닌 아날로그 다이얼을 통해 조절하도록 되어 있다. 디지털이 세상을 지배하고 있는 시대지만, 아날로그 다이얼은 디지털이 줄 수 없는 요소들을 가지고 있다. 무엇보다 조작과 현재 상태를 파악하는 것에 직관적이며, 미세한 조정이 가능하다는 장점이 있다.

스피커 상단의 다이얼. 미세하게 볼륨을 조절할 수 있고, 눈으로 조작 상태를 파악할 수 있다.

그리고 내가 중요하게 여기는 장점이 또 한 가지 있다. 바로 스피커를 켤 때, 다이얼을 돌리며 천천히 볼륨을 키울 수 있다는 점이다. 물론 끌 때는 역으로 서서히 볼륨을 줄인다. 비록 수동이긴 하지만 페이드 인(Fade in, 서서히 켜짐), 페이드 아웃(Fade out, 서서히 꺼짐)을 물리적으로 실현할 수 있다는 것은 아날로그 다이얼이 주는 큰 장점이다. 하필 나도 모르는 부분에서 왁! 하고 켜지는 스피커 소리가 주는 불쾌감을 피하고 싶을 뿐 아니라, 페이드 인/아웃이 만드는 음향의 고급스러운 느낌을 누리고 싶은 마음도 크다.

Fade in

[페이드 인]

어두운 화면이 점점 밝아지면서 영상이 나타나게 하는 기법
또는 음량을 서서히 올려, 규정의 음량까지 도달시키는 것

페이드 인과 페이드 아웃은 단지 소리나 영상에서만 필요한 것이 아니다. 빛의 영역에서도 이렇게 서서히 켜지고 또 서서히 꺼지는 기능은 매우 필요하고 또 중요하다. 모든 것이 0과 1로 표기되는 디지털 신호처럼 우리에게는 스위치를 켜면 팟! 하며 켜지고 끄면 팟! 하고 꺼지는 조명에 익숙하다. 하지만 자연의 빛은 그렇게 디지털 신호처럼 한 번에 켜지고 꺼지는 일이 드물다.

태양 빛은 어마어마한 광량을 가지고 온 대지를 비춘다. 하지만 그 빛은 한 번에 지구를 비추지 않는다. 지평선 아래에서 서서히 하늘을 밝히며 떠오르기 시작해 서서히 고도가 올라가며 자신이 가진 빛을 지면에 쏟아 낸다(태양이 마치 화장실 조명처럼 한 번에 켜지고 꺼진다면 아마 우리는 매일 두 번씩 어마어마한 혼란을 겪어야 할 것이다). 태양 빛뿐만 아니라 대부분의 빛은 어두운 데서 밝아지기까지 시간이 걸린다. 아주 작은 성냥불이나 장작불, 촛불에 불이 붙을 때도 짧은 시간이나마 어둠에서 밝음으로 넘어가는 과정을 거친다. 서서히 밝아지고 서서히 어두워지는 것은 일반적으로 빛이 가진 기본적인 성질이었다.

하지만 전기를 통한 광원은 우리로 하여금 한 번에 켜지고 꺼지는 조명에 더 익숙하게 만들었다. 심지어 한 번에 켜지는 빛이 새로운 조명의 장점으로 어필되기도 했다. 준비 시간 없이 한 번에 공간을 밝히는 강력한 인공조명은 어둠을 이기고자 했던 인류의 성취를 보여 주는 빛이었을지도 모른다. 실제로 주거 공간에도 형광등을 사용했던 우리나라에서도 화장실만큼은 백열전구를 사용하는 경우가 많았는데, 이는 당시 점등에 시간이 걸렸던 형광등보다 짧은 시간 공간을 사용하는 화장실의 사용성에 백열전구가 더 맞았기 때문이다.

하지만 조명의 효과는 곧 장면의 전환이라고 보아도 무방하다. 집에 들어와 어두운 현관을 밝힐 때, 저녁 어스름이 찾아온 거실에 빛을 더할 때, 이른 밤 깜깜한 침실에서 나와 화장실의 불을 켜는 행위 모두 우리에겐 공간을 배경으로 한 장면의 변화다. 조명의 페이드 인/아웃은 이러한 장면의 변화에 말 그대로 전환의 효과로 나타난다. 영화에서 딱 끊어 전환되지 않고 디졸브7나 페이드 인/아웃처럼 변화하는 중간 과정을 삽입하는 방식은 장면과 공간의 연속성을 부여한다. 그리고 시작과 끝맺음을 부드럽게 만든다는 면에서 좀 더 차분하고 고급스러운 분위기를 연출하기도 한다. 빛의 페이드 인/아웃 효과는 공간 속에서 그런 영상이 주는 부드럽고 세련된 분위기를 연출한다. 영화 속에서는 대단한 부와 능력을 가진 사람을 보여 주고자 할 때, 그가 사는 공간이 나오는 경우가 종종 있다. 고급스러운 저택이나 펜트하우스로 걸어 들어갈 때 이동함에 따라 공간의 조명이 스르륵 하고 켜지는 장면이나, 고급 승용차를 타고 시동을 걸 때 계기판과 간접 조명이 서서히 켜지는 장면은 이 캐릭터가 어떤 위치에 있는지 짐작하게 하는 장치로 작동한다. 이는 가구의 형태나 재료의 고급스러움이 주는 형태적 고급스러움과는 다른, 공간과 장면의 변화가 주는 고급스러움이다.

하지만 페이드 인/아웃의 빛이 필요한 것은 고급스러움 때문만은 아니다. 그러한 조명 효과가 더 중요한 이유는 우리의 눈을 고려한 빛이기 때문이다. 눈은 홍채를 통해 들어오는 빛의 양을 조절한다. 우리가 강한 태양 빛 아래서도, 어두운 침실에서도 활동할 수 있는 것은 이러한 눈의 조리개 기능 때문이다. 어두운 공간에서 밝은 공간으로 변화하는 것, 밝음에서 어두움으로 변화하는 것 모두 빛에 적응하는 시간이 필요하다. 그리고 이 중 어두움에 적응하는 것에는 조금 더 많은 시간이 필요하다.

---

7   두 화면을 얕게 겹친 것으로, 두 화면이 깊게 겹치는 오버랩overlap과 비슷하다.

주로 짧은 시간 공간을 사용하는 화장실

어두운 밤중에 침실을 나와 화장실의 불을 켤 때 생기는 불쾌감을 느낀 적이 있을 것이다. 오랫동안 어두움에 적응한 상태에서 화장실의 밝은 LED 조명을 켜게 된다면, 커진 동공 속으로 갑자기 많은 양의 빛이 들어오게 되며 이는 눈부심을 유발한다. 그리고 이러한 눈부심은 불쾌감을 일으키며 심한 경우 통증이 되기도 한다. 그 사실을 경험으로 아는 우리는 때때로 어두움을 감내하고 불을 켜지 않은 채 볼일을 보는 경우도 있다. 자동차를 타고 터널을 지날 때도 이와 비슷한 경험을 한다. 맑은 날에는 어두운 터널에 들어가고 나갈 때의 조도 차이가 과도하게 발생하며, 이는 사고로 이어질 위험성을 가지고 있다. 이 때문에 터널 조명에서는 입구와 출구 쪽에 보다 많은 수의 조명을 두어 밝기 차이에 적응할 수 있도록 돕는다.

이제 공간의 빛도 페이드 인/아웃이 필요하다. 그것은 고급스러움을 넘어 우리의 편안한 빛 환경을 위해 필수적인 요소가 돼야 한다. 페이드 인의 조명은 사람의 눈이 빛에 적응할 수 있는 시간을 준다. 동일한 밝기의 조명이라도 이 페이드 인의 과정을 거치면 눈이 훨씬 편하게 느낀다. 여기에 고급스러운 분위기를 만들어 내는 연출의 특성까지 더해져 우리에게 더 나은 빛을 선사한다. 침대 머리맡 스탠드 같이 어두운 상황에서 자주 켜고 끄는 조명부터 페이드인의 빛을 적용해 보자. 불편했던 조명의 점등이, 자꾸만 켜 보고 싶게 되는 즐거운 행위로 바뀔 것이다.

보정된 사진은
가짜일까

스마트폰 카메라와 디에스엘알DSLR 중 어떤 것이 더 좋은가에 대한
논쟁은 여전히 많은 사람에게 뜨거운 주제 중 하나다. '폰카 대 디카'
라는 키워드의 콘텐츠는 우리나라뿐 아니라 세계적으로 인기 있는
콘텐츠다. 각 기기가 가지고 있는 사용성, 이미지의 품질, 기능 등을
기준으로 두 가지 제품을 비교한다. DSLR은 큰 이미지 센서와 함께
큰 렌즈를 사용해 빛을 담아 이미지를 만든다. 적게는 수십만 원에
서 많게는 수백만 원을 넘는 고가의 렌즈가 사용된다. 렌즈는 눈앞
에 펼쳐진 장면을 선명하고 왜곡 없이 이미지 센서에 담아내기 위해
복잡한 물리적 광학 기술이 사용된다. 그렇게 촬영한 사진은 큰 보
정을 거치지 않아도 장면을 멋지게 담아내곤 한다.

스마트폰에 들어가는 소형 카메라 렌즈에도 높은 수준의 광학 기술
이 사용된다. 하지만 스마트폰의 렌즈는 그 크기 면에서 일반 카메라
렌즈를 따라가기에 물리적인 한계가 있다. 그리고 그 한계를 극복하
기 위해 소프트웨어의 비중을 높인다. 부족한 화각으로 생긴 왜곡을
프로그램을 통해 보정하며, 부족한 빛과 심도는 여러 장의 사진을 겹
쳐 합성함으로써 해결한다. 또한 각기 다른 화각의 렌즈를 여러 개 사
용해 피사체 간의 심도를 측정하여 그에 맞는 보정값을 찾아내기도
한다. 외부 빛에 의한 화이트 밸런스(색 균형 조절)도 똑똑해진 프로그
램이 담당하여 최적의 보정값을 찾아낸다. 심지어 촬영하는 대상이
사람인지, 풍경인지를 파악해 그에 맞는 보정을 해내는 단계에 이르

렸다. 소프트웨어의 보정 기능은 나날이 더욱 강력해지고 있으며, 덕분에 이제는 여러 개의 카메라가 달린 스마트폰이 새로운 표준이 되어 버렸다.

몇 해 전 구글에서는 이러한 사진 보정 기술을 내세운 자체 개발 스마트폰을 홍보했다. 홍보와 함께 공개한 사진은 사람들의 이목을 집중시켰다. 사진 속에는 각기 다른 밝기를 가진 사람과 사물, 저 멀리 나무와 건물들, 그리고 밤하늘의 달과 별까지 모두 선명하게 빛나고 있었다. 한가지 노출과 초점을 가지고 사진을 찍는 기존의 카메라로는 담을 수 없는 장면이라는 것이 전문가들의 견해였다. 물론 구글은 이 점을 자신들의 홍보 수단으로 사용했다. 하지만 누군가는 이렇게 프로그램을 통해 보정된 이미지에 거부감을 갖기도 한다. '보이

구글의 새로운 스마트폰 픽셀4로 촬영한 사진. 다중 노출 기술을 사용해 이전의 카메라가 담을 수 없었던 모습을 담아낸다.

빛과 사람

는 그대로'를 담지 않는다는 이유에서다. 보정되고 합성된 사진은 순수하지 않다는 생각이 존재한다. 이러한 이유로 온라인의 이미지에서 '무보정'이라는 태그는 '진실성'이라는 의미와 동일하게 사용된다.

사실 이러한 논쟁은 최근 들어 생긴 새로운 것이 아니다. 필름 카메라에서 디지털카메라로 넘어갈 때도 그랬고, 디지털화된 이미지를 포토샵으로 보정하는 것에 대해서도 수많은 논란이 있었다(하지만 여기서 촬영 과정에서 생기는 왜곡을 바로잡는 보정과 다양한 색감의 필터, 다리 길이를 늘리는 것 등을 포함한 특수 효과로써의 보정은 구분하여 논의되어야 한다). 사진의 순수성을 강하게 강조하는 이들은 보정 과정을 거치는 사진은 실제를 왜곡한다고 생각한다. 그럼 이때 기준이 되는 '보이는 대로'에 대해 생각해 볼 필요가 있다. 우리가 보는 것은 얼마나 사실적이며 객관적일까?

우리의 눈은 동공을 통해 외부의 빛을 받아들인다. 홍채는 동공의 크기를 조절함으로써 눈으로 들어오는 빛의 총량을 조절하고, 수정체는 망막에 상이 정확하게 맺힐 수 있도록 초점을 맞춘다. 카메라의 조리개 역할을 홍채가, 렌즈 역할을 수정체가, 빛이 맺히는 이미지 센서 역할을 망막이 담당한다. 그렇게 망막에 도달한 빛을 원뿔세포와 막대세포는 전기신호로 변화시켜 신경 다발을 통해 뇌로 보낸다. 뇌는 이렇게 눈이 얻은 시각 정보를 수정하고 가공하고 보완하여 인식하고 기억하게끔 한다. 그리고 그 비중은 우리의 인지 과정 중에 매우 높은 부분을 차지한다. 사람의 뇌가 하는 보정에는 여러 가지가 있다. 색 보정은 뇌가 하는 보정 중에 가장 기본적인 영역이다.

균일한 표면으로 되어 있는 달걀이지만 빛에 따라 왼쪽, 가운데, 오른쪽 색이 다르게 보인다. 우리의 뇌는 푸른색과 붉은색의 백색광을 파악하고 보정하여 대상을 '흰색'으로 인지하도록 만든다. 우리가 푸른 하늘빛이 비추는 야외나 붉은 조명의 실내에서도 시간이 조금만 지나면 주변의 색을 인지하는 데 크게 무리가 없는 이유다.

사람은 절대적인 파장으로 색을 인식하기보다는 파장들 사이의 관계를 통해 색을 인식하는 경향이 있다. 환경을 구성하는 빛의 색에 적응하는 것이다. 전구색 조명이 가득한 카페에 오래 앉아 있다가 창밖을 보면 유난히 바깥 거리가 푸른색으로 보이는 경험을 할 때가 있다. 그와 반대로 밖에서 본 카페는 유난히 더 노랗게 보이기도 한다. 뇌는 주변 환경이 가진 빛의 색과 내가 경험해 온 물체의 색을 조합하여 색을 보정한다. 전구색 불빛 아래 하얀 종이를 노란색이 아닌, 하얀색 그대로 인식하는 이유는 뇌가 환경의 빛에 적응하고 시

빛과 사람

각 정보를 보정하기 때문이다. 카메라에도 동일한 기능이 있다. '화이트 밸런스'라고 불리는 이 기능은 카메라를 조금만 다뤄 봐도 알 수 있을 만큼 익숙한 기능이다. 색온도의 기준을 지정해 이미지 전체의 색감을 조정해 주는 기능으로, 맑은 날 또는 흐린 날의 자연광이나 전구색 조명, 등 환경의 색온도 같은 것을 감지하고 그에 맞게 작동한다. 그리고 이 기능 역시 렌즈나 이미지 센서가 아닌, 소프트웨어 측면에서 이루어진다.

뇌가 보정하는 것은 색뿐만이 아니다. 우리는 두 개의 눈을 가지고 있지만 눈앞의 세상을 하나의 장면으로 인식한다. 양쪽 눈이 가진 미세하게 다른 두 가지 장면을 우리의 뇌는 하나의 장면으로 보정해 인식할 뿐 아니라, 두 장면의 차이를 통해 가까운 물체와 자신과의 거리를 파악하기도 한다. 또한 물리적인 보정도 거친다. 사람의 눈에는 시야 속에 일부를 볼 수 없는 맹점이 존재하며, 망막 위에 위치한 신경섬유 다발로 인해 상이 맺히지 못하는 부분도 존재한다. 하지만 뇌는 이렇게 가려진 부분을 양 눈의 사용과 눈의 떨림을 이용해 들어온 시각 정보가 외부의 것인지 눈 내부의 것인지 구별하고, 상이 맺히지 않는 부분을 채워 보정함으로써 깨끗한 시야로 느끼도록 만든다. 스마트폰 기술이 더 발달되면 카메라 렌즈 위에 올려진 먼지를 닦지 않아도 깨끗한 사진을 만들어 내는 기능이 생길지도 모를 일이다.

뇌가 보정하는 것은 또 있다. 바로 '시간'이다. 우리는 한 번에 눈앞의 장면을 인지한다고 생각한다. 마치 카메라가 렌즈를 통해 한 번의 셔터로 사진을 담아내는 것처럼 말이다. 하지만 실제로 우리 눈과 뇌는 그렇게 작동하지 않는다. 우리 눈이 대상에 초점을 맞춰 정확히 인식할 수 있는 범위는 시야의 중심에서 1~2도 정도로 매우 좁다. 그렇기 때문에 우리는 눈앞의 장면을 부분 부분 빠르게 스캔 한다. 상대의 얼굴을 볼 때도, 한 장의 그림을 볼 때도 우리가 의식하지 못하는 사이에 눈은 이리저리 빠르게 움직이며 정보를 읽고, 뇌는 그것을 조합하여 한 장의 이미지로 저장한다. 앞서 봤던 사진 역시 우리는 앞의 사람, 뒤의 사람, 건물과 배경과 하늘과 달을 모두 각각 바라보고 머릿속에 하나의 이미지로 합쳤음을 알 수 있다.

데이비드 호크니는 매력적인 색의 회화 작업 이외에도, 인물이나 공간을 연속해서 여러 장의 사진으로 찍고 이를 한 장면에 배치한 포토콜라주 작품으로도 유명하다. 눈앞의 장면을 광각렌즈로 한 번에 찍은 것이 아니라 좁은 화각으로 부분 부분 연속해 찍은 사진들이기에, 이를 한 장면으로 모은 작품은 시점과 시간의 변화가 고스란히 담겨 있을 수밖에 없다. 이런 그의 작업은 원근법과 재현이라는 체계를 해체하고, 사진에는 존재하지 않았던 시간의 흐름을 입혔다고 평가받는다. 얼핏 보면 입체파 그림 같아 보이는 그의 작품은 우리가 세상을 인식하는 방식이 담겨 있다고 해석되기도 한다.* 일상 속에 우리는 그 어떤 장면도 한 번에 인식할 수 없으며, 우리가 기억하는 장면에는 끊임없이 변화하는 '시간'이 보정되어 담기기 때문이다.

이처럼 본다는 행위는 기본적으로 뇌의 보정을 거친다. 우리는 두 개의 눈으로 끊임없이 움직이며 다양한 시각 정보를 받아들이고, 뇌는 그 정보를 보정하고 삭제하고 덧붙이고 조합해 인지한다. 그리고 이

빛과 사람

러한 모든 영역을 우리는 본다는 행위 가운데 포함한다. 필름 카메라가 디지털카메라로, 또 스마트폰 카메라로 발전하면서 우리는 있는 그대로의 기록을 잃어 간다고 생각할 수도 있다. 하지만 우리는 모두 같은 환경에서 다른 것을 보며, 또 각자가 가진 방식으로 보정하여 기억하고 기록한다. 어쩌면 사진 기술은 우리가 세상을 이해하는 방식과 점점 더 닮아 가고 있는지도 모른다.

3.

빛과 공간

동 쪽 창 앞 에 는
무 엇 을 두 는 것 이 좋 을 까 ?

우리는 남향을 중요시하는 문화를 가지고 있다. 실내에 가장 많은 빛을 들이는 창이 남쪽으로 난 창이기 때문이다. 같은 집이면 남향을 더 선호하며, 그래서 남향집은 다른 방향의 집에 비해 높은 가격으로 거래된다. 하지만 단순한 빛의 양 이외에 남쪽 창이 주는 빛의 특징을 이야기하는 사람은 많지 않다. 또한 그 외의 방향으로 난 창문이 어떠한 빛을 들이는지에 대해 듣기도 쉽지 않다.

동쪽 창 앞에는 무엇을 두는 것이 좋을지 한 번이라도 고민해 본 경험이 있는가? 만약 이런 고민이 생소하다면 글을 읽기에 앞서 자신이 머무는 집 또는 사무 공간의 창문들을 생각해 보자. 우리의 공간에 있는 창문들은 어느 방향을 향하고 있는가? 그리고 그 창이 놓인 공간은 어떠한 용도로 사용되고 있는가?

태양의 빛은 직사광과 천공광이라는 두 가지 형태의 빛으로 우리가 사는 땅을 비춘다. 그리고 우리는 그 땅 위에 건물을 짓고 그 속에서 살아간다. 건물에 나 있는 창들은 각 방향에 따라 각기 다른 빛을 공간 안으로 들여온다. 자연의 빛은 계절과 시간, 날씨에 따라 변화하며 각기 다른 빛을 만들어 낸다. 그리고 창은 그러한 자연의 빛을 실내로 들여온다. 우리는 실내의 빛이라고 하면 공간 안에 설치된 인공조명을 생각하는 경우가 많다. 하지만 낮 시간 동안 창을 통해 들어오는 자연광은 공간을 비추는 매우 중요한 요소다. 자연의 빛이 들어오는 시간, 빛의 양, 방향과 변화 등을 생각하면 오히려 인공조명보다 실내 빛 환경을 이루는 주요한 요소가 되기도 한다. 이러한 이유로 공간에 존재하는 모든 창은 방향과 시간에 따라 다른 빛을 내는 조명과도 같다.

남쪽 창

남쪽 창은 앞서 말했듯 가장 많은 빛이 들어오는 창이다. 그리고 조금 더 구체적으로 말하면 자연광 중 '직사광'을 가장 많이 들이는 창이다. 태양이 동쪽에서 떠올라 서쪽으로 질 때 지구의 자전축에 의해 북반구에 위치한 우리나라는 남쪽으로 기운 상태로 이동하게 된다. 남쪽 창이 가장 풍부한 빛을 들이는 창이 되는 이유다. 같은 이유로 남반구에 위치한 나라에서는 북쪽 창이 직사광을 가장 많이 들이는 창이 된다. 남쪽을 향한 창은 오전부터 오후에 이르기까지 거의 하루 대부분의 시간 직사광을 실내로 들인다. 이 직사광은 태양으로부터 직접 비추는 빛으로, 높은 에너지와 방향성을 갖는다. 이는 높은 대비와 선명한 그림자를 만드는 빛이기도 하다.

남쪽 창을 통해 들어오는 직사광은 실내 공간의 높은 밝기 차이를 만든다. 직사광이 직접 떨어지는 창가는 매우 밝고, 이와 대비되는 실내 안쪽은 역으로 더 어두워 보이는 현상을 만든다. 한쪽에만 강한 직사광이 드는 환경은 수치상으로는 보통 공간보다 높은 조도의 환경이라 하더라도, 상대적인 밝기로 빛을 인식하는 우리의 눈으로 인해 안쪽을 오히려 어두워 보이게 만든다. 현대의 건물처럼 효율을

우리에게 '남향'이라는 단어는
해가 쨍쨍하게 잘 드는
밝은 거실을 떠올리게 한다.

빛과 공간

높이기 위해 층고가 낮아지고 면적은 넓어지는 형태는 이러한 대비 차이가 극대화된다. 창의 높이는 제한적인데 고도에 따른 빛의 방향이 정해져 있기에, 면적의 일부만 비추게 되어 공간 안쪽이 자연의 빛에 소외되는 현상이 더욱 도드라진다.

남쪽 창은 빛의 방향이 가장 많이 변하는 창이기도 하다. 동쪽에서 떠오른 태양은 오전 시간 실내의 서쪽 벽면을 비춘다. 고도가 차츰 올라가면서 바닥 면을 비추다가, 오후 시간이 되면 동쪽 벽면을 비추는 빛으로 변화한다. 빛이 변화한다는 것은 공간의 일관된 사용을 방해한다는 의미도 된다. 때문에 남쪽 창 앞에서는 시간에 따라 움직이는 빛의 눈부심과 열기를 피하기 위해 끊임없이 노력해야 한다. 우리나라는 주로 거실에 대형 TV를 놓는 경우가 많다. 하지만 이렇게 변화가 심한 남쪽 창은 낮 시간 우리의 TV 시청을 방해할 확률이 높다. 우리가 앉은 방향으로 직접 빛이 들어와 눈부심을 발생시키거나, TV 모니터를 비춰 화상이 선명하게 보이지 않는 경우가 생기기 때문이다.

또한 직사광을 통해 실내에 가장 많은 열에너지를 들인다. 겨울에는 따뜻한 요소가 되지만, 여름에는 높은 실내온도의 주범이 되기도 한다. 그리고 자외선이나 열에 의해 변색되거나 변형되는 물건도 남쪽 창의 공간에 두기 어렵다.

이처럼 남쪽 창은 풍성한 빛을 들이지만, 그만큼 강한 빛이 끊임없이 변화하는 창이기에 불편함을 야기하는 존재가 되기도 한다. 그래서 애써 얻은 풍부한 빛의 남쪽 창을 커튼이나 블라인드로 가려 놓고 생활하게 되는 경우도 많다. 이 강한 직사광의 빛을 어떻게 다루는지에 따라 눈부시고 불편한 공간이 되거나, 자연의 빛이 가진 풍성함을 충분히 누리는 밝고 쾌적한 공간이 되기도 한다.

북쪽 창

북쪽 창은 우리 주거 문화에서 가장 소외당하는 창이다. 남쪽 창이 가장 밝은 창이라면 북쪽 창은 가장 어두운 창 정도로 인식된다. 하지만 북쪽 창도 남쪽 창 못지않은 매력을 가지고 있다. 북쪽은 하루 종일 천공광만 실내로 들이는 창이다. 천공광은 너른 하늘의 대기 속에 태양 빛이 산란해 만들어지는 빛으로, 부드럽고 균일한 빛을 이 땅 위에 뿌린다. 천공광만 하루 종일 실내에 들어온다는 것은 하루 동안 상대적으로 균일한 빛이 공간에 유지됨을 의미한다.

이러한 북쪽 창에는 오래된 멋진 별명이 하나 있다. 바로 '예술가의 창'이다. 아직 인공조명이 발달하지 않은 시기에 북쪽의 창은 그림을 그리는 예술가들이 가장 선호하는 창이었다. 아침, 점심, 저녁의 빛 방향과 색이 다른 방향의 창들은 작업하기에 적합하지 않았다. 북쪽 창의 부드럽고 균일한 빛은 대상의 세밀한 모습을 관찰하기에도, 일정한 환경에서 그림을 그리기에도 좋은 최고의 빛을 선사했다.

「진주 귀걸이를 한 소녀」로 우리에게 잘 알려진 요하네스 페르메이르 Johannes Jan Vermeer는 렘브란트와 더불어 빛을 잘 다룬 화가로 꼽힌다. 그의 그림 대부분은 바로 이 북쪽 창 앞에 놓인 정물들과 그 앞

요하네스 페르메이르는 북쪽 창의 작업실에서 천공광이 들어오는 공간의 빛을 섬세하게 그려 냈다.

에서 다양한 행동을 하는 사람들로 이루어져 있다. 그림 속 창문으로 들어오는 빛은 남쪽 창의 쨍한 직사광이 아닌, 부드럽고 은은하게 퍼지는 천공광이다. 이 빛은 그림의 좌측에서 실내의 벽과 바닥, 테이블 위 다양한 소품의 모습 그리고 옷과 테이블보의 질감, 사람의 피부와 표정까지 고루 비춘다. 실제로 페르메이르도 북쪽 창을 좌측에 두어, 오른손에 그림자가 지지 않도록 작업했다고 한다.

이러한 북쪽 창의 역할은 현대를 살아가는 우리에게도 크게 다르지 않다. 직사광은 변화하는 빛 때문에 고정된 자리에서의 활동을 방해한다. 모니터에 반사된 햇빛으로 불편함을 겪은 적이 있거나 날씨와 구름, 시간의 변화에 따라 달라지는 빛 때문에 수시로 커튼을 여닫았던 경험을 떠올려 본다면 이해가 쉬울 것이다. 오랜 시간 모니터 또는 서류를 보며 업무해야 하는 우리에게 북쪽 창은 균일하고 풍성한 빛을 제공한다. 만약 맑은 날 카페 창가에서 경치를 바라보며 업무도 보고 싶다면, 북쪽의 창 앞에 자리 잡을 것을 추천한다.

북쪽 창이 놓인 공간은 균일한 빛으로 인해 뭔가를 보관하기에 좋은 곳이 되기도 한다. 식료품, 의류, 도서에 이르기까지 온도 변화와 자외선에 민감한 물품의 보관은 직사광보다는 천공광의 공간이 유리하다. 최근 여러 건축상을 수상한 일본의 한 도서관은 거대한 창들을 통해 들어온 직사광으로 소장 도서가 모두 변색된 사건이 이슈가 됐었다. 책이 있는 공간에 자연광을 들이고 싶었다면 직사광은 최대한 배제하고, 천공광을 사용하되, 그마저도 직접적인 노출을 피하는 것이 좋았을 것이다.

천공광이 들어오는 창가는
편안하게 책을 보거나
업무를 볼 수 있는 환경이 된다.

북쪽 창은 경치를 즐기기에도 좋은 창이다. 남향의 한강 조망 아파트와 북향의 한강 조망 아파트 중 한강의 경치를 즐기기에 어느 곳이 더 좋을까? 우리는 일반적으로 남향으로 나 있는 거실에 한강까지 보이는 것이 가장 완벽한 조합이라고 생각할지 모른다. 하지만 경치를 보기에는 북향의 한강 조망이 더 좋다. 남향은 해를 정면으로 바라보며 풍경을 대하게 만든다. 아파트와 같이 처마가 없는 건물이라면 눈부심이 발생할 확률이 높다. 또한 보이는 풍경도 해를 뒤에 둔 역광의 빛 환경을 갖게 된다. 이에 반해 북향의 창으로 바라보는 풍경은 내가 해를 등짐으로써 직접 눈부심이 발생하지 않으며, 시선과 태양 빛의 방향이 일치해 더 편안하고 풍부한 빛으로 풍경을 바라볼 수 있게 만든다. 마치 공연장에서 조명이 내 머리 위에서 내가 바라보는 방향을 향해 빛을 쏘는 형태와 유사하다. 이처럼 북쪽 창은 그동안 무시당해 온 것에 비해 굉장히 다양한 매력을 지닌 창이다.

서쪽 창

런던 여행 때 머물렀던 숙소의 침대 머리맡 바로 위에 경사진 천창이 놓여 있었다. 밤에는 침대에 누워 별이 뜬 밤하늘을 바라볼 수 있어 좋았지만, 아침에는 너무 눈부시지 않을까 언뜻 걱정도 되었다. 하지만 그런 일은 없었다. 경사진 천창은 서쪽 하늘을 바라보고 있어 맑은 날 아침에도 부드러운 빛으로 우리를 기분 좋게 깨워 줬다. 그 창을 통해 직사광이 들어오는 건 태양 빛이 붉게 물드는 늦은 오후가 되어서였다. 덕분에 우리는 그곳에 머무는 동안 침대 위 천창이 주는 편안함을 한껏 느끼고 왔다.

한 유명 연예인이 다음과 같은 글을 자신의 SNS에 올린 적이 있다.

> "강변에 살 때 참 외로웠었다. 비싼 월세를 내 가며 그럴듯해 보이는 한강변의 아파트에 살 때 말이다. 오랜 로망과는 달리 아침마다 내리쬐는 정남향의 뜨거운 집이 불편하여 종일 암막 커튼에 의지해 지내야 했고 밤이 되면 반짝이는 한강 다리의 불빛이 긴 밤을 불안케 했다. 몇 해 전 이사를 하고 오후 3시가 넘어서야 들어오는 서향집의 깊은 해가 내게 많은 영감과 그득한 안정을 주었다. 그렇게 지금의 집과 삶을 그리고 나를 더 사랑하게 되었다. 여러분은 어떤 빛의 취향을 가지셨나요?"

— 강민경 인스타그램 중에서

서쪽 창은 오전에는 부드러운 천공광의 빛을 들이다가, 오후에 따뜻한 직사광을 실내로 들이는 창이다. 중요한 건 '시간'이다. 남쪽 창과 북쪽 창이 실내에 들이는 빛의 양과 형태의 차이가 있었다면, 동쪽 창과 서쪽 창은 각기 다른 시간에 실내에 직사광을 들인다. 밤늦게까지 활동하다 늦게 잠이 들어서 오전에는 휴식을 취해야 하는 사람이라면 동쪽이나 남쪽 창의 이른 직사광은 부담스러운 빛이 된다. 암막 커튼으로 들어오는 풍성한 빛을 어떻게든 가리려 노력해야 하는 상황에 놓이는 것이다. 그보다는 서쪽 창이 난 공간에서 생활한다면 오전에는 부드럽고 차분한 빛을, 오후에는 풍성한 빛을 누릴 수 있을 것이다. 서쪽 창의 또 다른 특징은 빛이 가진 색이다. 낮은 고도의 태양 빛은

늦은 오후
서쪽 창을 통해 들어오는
붉은 태양 빛은
우리의 공간을
따뜻하고 아름답게 만든다.

빛과 공간

정오에 비해 붉은빛을 띤다. 이는 따뜻한 분위기의 실내 공간을 연출한다. 똑같은 공간과 가구라도 해 질 녘 붉은 태양 빛 아래 느껴지는 분위기는 전혀 다르게 다가온다. 또한 태양이 낮은 고도에 위치하기 때문에 실내 깊숙한 곳까지 빛이 다다른다. 이처럼 서쪽 창이 만들어 내는 빛은 그 어떤 빛보다 따뜻하고 아늑한 감성의 공간을 만들어 낸다. 안 읽히던 소설이 읽히고, 생각 없던 술 한 잔이 찾아지는 것이 바로 서쪽 창을 둔 공간이다.

동쪽 창

서쪽 창이 오후의 직사광을 들이는 창이라면, 동쪽 창은 아침의 직사광을 들이는 창이다. 그리고 개인적으로 가장 좋아하는 창이기도 하며, 우리의 주거 공간에 가장 중요한 창이라고 생각한다.

현대에는 주거 공간을 사용하는 용도와 시간이 보다 다양해졌지만, 그럼에도 불구하고 대부분의 가정에서 가장 규칙적인 일정으로 움직이는 시간은 아침 시간인 경우가 많다. 정해진 시간에 출근하고 등교하기 위해 준비하는 공간으로 아침의 주거 공간이 사용된다. 그리고 아침은 온 가족이 모여 있는 시간이기도 하다. 이 아침 시간 공간의 빛을 결정하는 것이 동쪽 창이다.

동쪽 하늘에서 이제 막 떠오른 태양은 동쪽 창을 통해 아직 식어 있는 집 안을 따뜻하게 어루만진다. 동쪽 창이 있는지 없는지 그리고 동쪽 창을 어떻게 사용하는지가 우리 아침 시간의 풍경을 좌우한다.

잠자리에서 몸을 일으켜 동쪽 창에서 들어오는 햇빛을 바라보는 것만큼 우리의 아침을 기분 좋게 시작하게 하는 것이 또 있을까. 동쪽에서 서서히 시작되는 높은 색온도의 빛은 아침을 시작하는 우리에게 활력을 불어넣는 효과가 있다. 우리의 몸은 빛을 통해 하루의 리듬을 환경과 동기화시킨다. 아침 일찍 일어나 마주하는 밝은 햇빛은 멜라토닌 분비를 억제하여 우리 몸을 잠에서 깨어나게 하며, 활력을 높이고 집중력을 키워 준다.

동쪽 창에 침대를 두면 자연이 만든 햇빛 알람에 눈을 뜨는 것이 가능하다. 동쪽 창에 부엌이 있다면 모락모락 피어나는 김과 햇살에 부서지며 빛나는 물방울들을 보며 아침 준비를 할 수 있을 것이다. 이렇듯 동쪽 창을 어떻게 사용하는가는 우리의 아침을 어떻게 사용하는가와 동일한 이야기가 될 수 있다. 이처럼 아침을 대하는 다양한 공간이 존재하겠지만, 나는 여러 요소 중에 식탁을 동쪽 창 앞에 둘 것을 추천한다. 식탁 위로 쏟아지는 따뜻한 직사광은 우리의 아침 식사를 더욱 맛있어 보이도록 만들 것이다. 빵 한 쪽, 차 한 잔을 먹더라도 직사광이 드는 식탁은 전혀 다른 기분을 선사한다. 또한 아침에 식탁 앞에 둘러앉아 햇빛에 빛나는 가족의 얼굴을 보며 하루를 시작할 수 있다면 그것만으로 동쪽 창이 할 수 있는 최대의 역할을 하는 것이 아닐까.

물론 일반적인 우리나라 주거 배치에서 동쪽 창 앞에 식탁을 둔다는 것은 매우 어려운 일이다. 보통 해가 가장 많이 드는 공간은 거실과 안방에 내주고, 반대편 창 앞에는 부엌이 놓이는 것이 일반적이

아침 식탁 위에
자연광이 들어온다는 것은
큰 축복이다.

다. 그리고 창과 가장 먼, 집의 정 중앙이나 부엌 쪽에 식탁을 배치하는 것이 우리에게 가장 익숙한 공간 배치다. 하지만 이는 어쩌면 밤에 주로 사용하는 침실 같은 공간을 창가 쪽에 내주고, 낮 시간에 활용이 잦은 식탁이 놓인 공간을 가장 빛이 들지 않는 어두운 곳에 두는 비효율적인 배치일지도 모른다. 부족한 빛을 펜던트나 스포트 조명으로 채우지만, 자연의 빛을 따라올 수는 없다.

이처럼 모든 창은 하나하나 각자의 매력을 가지고 있는 조명과 같다. 단지 동서남북 네 방향의 창뿐 아니라 남동, 남서, 북동, 북서와 사이사이의 다양한 방향과 창의 형태나 크기의 요소까지 더해진다면 우리가 살아가는 공간의 창은 수십, 수백 가지의 매력을 가진 빛으로 볼 수 있을 것이다. 우리 삶의 공간과 자연의 빛이 만날 때 그 빛은 우리에게 에너지와 풍요로움을 가져다주기도 하고, 말랑말랑한 감성을 이끌어 내기도 하며, 편안한 시 환경을 만들어 주기도 한다. 그와 반대로 잘못된 빛의 사용은 우리의 눈을 부시게 하여 불편함을 야기하고, 비효율적인 에너지 사용을 만들어 내며, 심지어 우리의 마음을 우울하게 만들기까지 한다. 이처럼 자연의 빛과 인공의 빛을 공간과 삶 속에 녹여 내는 것, 삶에서 빛의 역할에 대해 고민하고 더 나은 빛 환경을 만드는 모든 행동을 진정한 조명 설계라 할 수 있을 것이다.

좋은 빛과 공간은 단순히 빛의 양으로만 결정될 수 없다. 그보다 그 공간을 언제, 어떻게, 어떠한 용도로 사용할지에 대해 이해한 빛이 더 나은 삶을 위한 공간을 만들 것이다. 좋은 빛과 공간에 앞서 우리의 삶에 대해 생각해 보아야 하는 이유다. 앞서 언급한, 서쪽 창이 난 집에 살게 된 후 안정과 행복을 찾았다는 SNS 글의 마지막에 그녀는 우리에게 이렇게 묻는다.

"여러분은 어떤 빛의 취향을 가지셨나요?"

빛 을
어 떻 게
들 일   것 인 가

우리나라에서 남향은 '좋은 집'의 다른 이름이다. 그리고 좋은 집은
'비싼 집'의 다른 이름이기도 하다. 직사광이 가장 많이 들어오는 남
향은 가장 밝고 뜨거운 창이다. 해만 비치면 공원으로 뛰어나가 일
광욕을 하는 유럽인들이라면 모를까, 밖에만 나가면 선크림에 모자
를 착용하는 것은 물론이고 횡단보도 앞에 있는 파라솔 안에 옹기종
기 모여 태양을 피하는 방법을 찾는 한국 사람들이 유독 집만은 남
향을 고집하는 것이 흥미롭기도 하다.

깊은 공간에 들어오는 강한 직사광은 가구의 변형이나 변색을 가져올 뿐 아니라, 심한 대비로 인해
실내가 오히려 어두워 보이는 현상을 만든다.

빛과 공간

빛은 단순히 밝고 어두움의 문제를 넘어 삶에 많은 영향을 주는 요소다. 낮 시간의 풍부한 빛은 사람을 보다 활력 있고 건강하게 만든다. 집 안에 잘 들어오는 햇빛은 집의 온도를 높여 주고 습도를 조절하는 데에도 큰 역할을 한다. 모든 생물에게 그렇듯 태양 빛은 생명의 원천이라 해도 과언이 아니다. 이러한 이유로 빛, 특히 직사광이 풍부한 남쪽의 창을 선호하는 것은 어쩌면 자연스러운 일일지도 모른다.

하지만 남쪽을 향해 있는 집을 얻었다고 모든 것이 해결되는 것은 아니다. 앞서 말했듯 직사광은 잘못 이용하면 오히려 여러 불편함을 줄 정도로 강한 빛이다. 그 빛을 '어떻게' 실내로 들일 것인지가 집의 방향 못지않게 중요한 이유다. 남향집에는 대부분의 낮 시간 동안 직사광선이 창문을 타고 집 안으로 쏟아진다. 하지만 이 직사광은 여름에는 너무 뜨거워 실내 온도를 높이고, 창 앞쪽의 공간과 실내의 밝기 차이를 과도하게 만듦으로써 실내가 오히려 어두워 보이게 하거나, 눈부심을 유발하기도 한다. 집 안에 직접적으로 들어오는 직사광 속 자외선은 창가에 놓인 가구들의 변형이나 변색을 가져올 수 있으며, 피부를 상하게 한다.

단층의 집이 대부분이었던 우리의 조상들은 긴 처마를 통해 빛을 조절했다. 인공조명이 없었을뿐더러 목재를 주재료로 지은 한옥은 직사광선이나 비에 쉽게 갈라지거나 썩을 수 있어서 처마의 존재는 매우 중요했다. 남쪽을 향해 마루를 냈지만 긴 처마로 그림자를 드리워 직사광이 직접 실내까지 들어오지 못하게 막았다. 여름의 뜨거운 해는 깊이 들어오지 못하고, 낮은 고도를 갖는 저녁 또는 겨울의 햇빛은 직접 공간 안까지 들어오게 되는 구조였다. 그러면서도 마당은 밝고 환하게 놔두었다. 마당 바닥 면에 반사된 빛이 집 안 깊숙이까지 들어오도록 하는 방법이었다. 뒷마당에는 식물이 심겨 있을지언정, 해를 바라보는 앞마당은 밝게 트여 놓았다. 만약 한옥의 마당을 유럽처럼 다양한 식물이 심긴 정원으로 꾸몄다면 실내는 지금보다 많이 어두웠을 것이다.

직사광을 컷오프cut-off 8하여 직접 들어오는 강한 빛을 차단하고, 반사면을 최대한 사용하여 안쪽 깊은 곳의 조도를 보완하는 것은 과거뿐 아니라 현대에도 이루어지고 있는 직사광 조명 설계의 기본이 된다. 다만 현대의 건물 대부분은 단층이 아닌 고층이며, 그 건물에는 처마를 달 수 없기 때문에 다른 방식을 사용한다. 대표적인 방식 중 하나는 수평 루버louver 9를 설치하여 강한 직사광을 차단하는 것이다. 그러면서 루버의 윗면을 맞은 빛이 반사하여 실내 공간의 천장을 밝게 비춘다. 이로써 직사광을 차단할 뿐 아니라 창가 쪽 자리와 안쪽 자리의 조도 차이도 낮춰 공간의 빛을 보다 균등하게 유지한다. 루버의 길이, 높이, 간격, 각도 등은 건물의 위치와 방위를 기준으로 사계절 24시간 태양의 고도와 광량을 고려해 결정된다. 이는 외형으로 나타나는 디자인이 자연의 변화 값을 탐구하여 결정되는 대표적 사례 중 하나다.

---

8   조명에서 눈부심 등을 방지하기 위해 빛이 어느 각도 이상 나아가지 못하도록 차단하는 것
9   폭이 좁은 판을 비스듬히 일정 간격을 두고 수평으로 배열한 것으로, 밖에서는 실내가
     들여다보이지 않고, 실내에서는 밖을 내다보는 데 불편이 없는 것이 특징인데,
     채광·일조 조정·통풍·환기 등의 목적으로 사용된다.

창문 위쪽에 설치해 빛을 조절하는 루버는 그 자체로 건축물의 디자인 요소가 되기도 한다.

건축물의 루버가 실내의 작은 창에 사용될 수 있는 버전으로 축소된 것이 우리가 흔히 사용하는 블라인드다. 주로 실내에 설치되는 블라인드는 온도까지는 차단할 수 없으나 직사광이 그대로 실내 공간에 떨어지지 않게 하고, 빛을 천장으로 반사하는 역할을 한다. 하지만 많은 경우 이 역할로 사용하기보다 외부 빛 또는 노출을 단순히 차단하는 용도로만 사용되고 있어 아쉽기도 하다. 블라인드를 태양의 고도에 맞춰 직사광선이 집으로 들어오는 것은 막되, 블라인드에 반사된 빛이 집 안쪽으로 들어오도록 조절한다면 바깥을 바라보는 시야를 가리지 않으면서도 실내에 보다 풍성한 빛을 들일 수 있다.

버티컬[10] 역시 빛을 제어하는 도구다. 대신 블라인드가 수평의 형태로 위에서 오는 빛을 반사시켰다면, 버티컬은 수직으로 좌우에서 오는 빛을 제어한다. 커튼이 완전히 시야를 가리면서 빛을 조절한다면, 버티컬은 실내에서의 시야를 어느 정도 확보하며 빛을 조절할 수 있다. 만약 동쪽 혹은 서쪽을 향해 있는 창이라면 버티컬을 사용해 최대한 남쪽에 있는 밝은 빛을 반사시켜 실내로 들여오는 용도로도 사용할 수 있다. 하지만 직사광이 많이 드는 창이라면 버티컬은 효용성이 높지는 않다. 강한 직사광은 보통 높은 고도에서 내려오는 빛이기 때문에 수직 형태의 버티컬로는 조절이 어렵기 때문이다.

10　세로로 기다란 직사각형의 플라스틱이나 나무 조각판을 연결해, 창문으로 들어오는 빛의 양을 조절하도록 만든 가림막

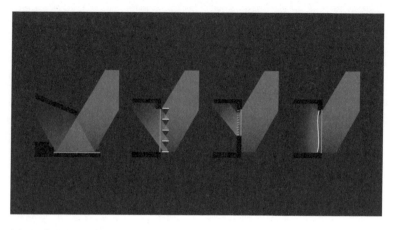

(왼쪽부터) 긴 처마와 밝은 마당, 건축 외부의 루버, 내부의 블라인드, 커튼. 모두 강한 직사광을
부드러운 빛으로 바꿔 실내로 들이는 역할을 한다.

창문으로 들어오는 빛을 제어하는 또 다른 도구는 커튼이다. 사실 가장 친근하고 널리 사용되는 도구이기도 하다. 커튼 역시 빛을 가리기만을 위한 도구가 아니다. 커튼의 중요한 요소 중 하나는 '투과성'이다. 빛을 얼마나 차단하고, 통과시키는가에 의미가 있다. 투과율이 좋은, 밝은 하얀색 커튼을 치면 쨍한 직사광이 포근하고 부드러운 빛으로 바뀌어 실내로 들어온다. 색이 있는 커튼을 사용하면, 햇빛은 커튼 색에 따라 바뀌어 실내로 들어온다. 침실과 같이 빛을 차단하고 싶은 공간에는 투과율이 적은 커튼을 사용한다. 투과율이 다른 두 가지 커튼을 함께 사용하는 경우도 있다. 이처럼 커튼만 잘 사용해도 창은 놀라운 조명으로 변할 수 있음을 경험하게 될 것이다.

같은 양의 빛이라도 더 넓은 면적을 통해 넓은 방향으로 퍼질 경우 눈부심이 줄어든다. 이를 활용한 것 중 하나가 간유리 또는 무늬유리다. 간유리는 높은 투과율로 빛의 양을 줄이지 않으면서도 시선에 의한 노출을 차단할 수 있고, 또한 빛을 부드러운 형태로 퍼트리고자 할 때 요긴하게 사용된다. 외부로의 노출이 신경 쓰여 가리고 싶지만 창으로 들어오는 빛이 적어 빛의 양은 최대한 유지하고 싶은 경우, 투과율을 크게 떨어지지 않고 굴절을 통해 빛의 방향을 바꿔 주는 간유리, 무늬유리 등을 사용하는 것이 도움이 된다.

창은 조명의 다른 이름이다. 전구라는 광원을 등 기구가 어떤 재료로 어떻게 감싸고 열어 주느냐에 따라 빛이 다양한 모습으로 퍼지듯, 태양 빛이 들어오는 창을 어떤 재료로 어떻게 감싸고 열어 주느냐에 따라 집 안 빛의 분위기가 바뀐다. 멋진 조명 기구보다 더 멋진 빛을 내는 조명이 '창'이라는 이름으로 우리를 기다리고 있다.

창은 조명의 다른 이름이다.

사 물 의 색 은
서 로 에 게
묻 게 되 어 있 어

입시를 위해 정물 수채화를 배우던 고등학교 시절, 정물대 위에는 하얀 석고상을 포함해 여러 가지 물건이 놓여 있었다. 베이지색의 테이블보 위에는 빨간색 사과와 노란색 주전자, 초록색 맥주 캔과 하얀 석고상이 저마다의 색을 뽐내고 있었다. 나는 한 장의 하얀 도화지 위에 정물들을 그리기 시작했다. 하얀 석고상은 무채색으로, 빨간색 사과는 빨간색 물감으로, 노란색 주전자는 노란색 물감으로, 그렇게 각자의 색을 사용해 그림을 그려 나갔다.

얼마의 시간이 지났을까, 그림을 봐 주기 위해 선생님이 오셨다. 선생님은 내 그림 앞에 앉아 내가 쓰던 팔레트와 붓을 드시더니 초록색 맥주 캔의 어두운 부분에 묽게 섞은 빨간색 물감을 턱 하고 찍으셨다. 내 눈은 동그래졌다. 베이지 테이블보에는 맥주 캔의 초록색이, 노란색 주전자에는 다시 사과의 빨간색이 칠해졌다. 아니, 노란색 주전자에 빨간색 물감이라니, 빨간색 사과에 초록색 물감이라니……! 과감한 붓질에 당황해하는 나를 보며 선생님은 염려 말라는 듯 미소를 지으며 말씀하셨다.

"사물의 색은 서로에게 묻게 되어 있어."

당시의 나는 그 말의 뜻을 이해하지 못했다. '그림이 조화롭게 보이기 위해서는 그래야 하나 보다.' 정도로 이해하고, 그 뒤로는 마치 그림의 공식처럼 서로의 색을 조금씩 각자의 정물에 묻혀 그림을 완성시켰다. 비로소 선생님의 그 말이 이해된 것은 그로부터 한참 후의 일이었다.

물체는 받아들인 빛의 일부를 흡수하고, 일부를 반사한다. 물체의 색이라 함은 어떤 빛을 얼마큼 흡수하고, 어떤 빛을 얼마큼 반사하느냐를 결정한다고도 볼 수 있다. 1장의 '빛이라는 물감' 편에서 이야기한 것처럼 하얀색의 빛은 대부분 거의 모든 색상의 빛을 품고 있는 팔레트와 같다. 이 빛이 하얀색을 반사하는 표면을 만나면 대부분의 빛을 반사시킨다. 반면 검은색의 표면을 만나면 이 표면은 가시광선의 빛 대부분을 흡수한다. 그리고 물체가 가진 특징에 따라 흡수하고 반사하는 색이 달라진다. 만약 빨간색을 반사시키는 표면을 만나면, 다른 대부분의 빛은 흡수하고 빨간색의 빛만 반사시키게 된다.

이때 반사하는 빛은 곧 물체의 표면색을 결정함과 동시에 미약하게나마 공간 속으로 자신의 빛을 흘려보낸다. 스스로 광원이 아니더라도 빛을 반사하는 사물은 그 자체로 하나의 작은 조명과 같다. 그리고 이러한 빛에 주변 사물이 영향을 받아 색이 변하는 현상을 광휘(radiance)라고 한다. 나무 블라인드에 반사되어 천장에 오렌지색의 빛이 묻는 것, 빨간 사과가 놓인 하얀 탁자가 붉은색으로 물드는 것, 파란색으로 칠한 벽면 근처의 사물들이 푸른색을 보이는 것 모두 이러한 광휘의 결과다.

앙리 마티스의 「과일과 커피포트 Fruit and Coffee-Pot」 (1899)

'물체의 색은 서로에게 묻는다.'
나는 지금도 이 표현을 좋아한다.

조명에서는 이렇게 색을 반사하는 빛의 성질을 종종 이용하곤 한다. 램프에서 나오는 빛은 하얀색이라 할지라도, 조명 기구의 일부를 어떤 색으로 만드느냐에 따라 퍼지는 빛에 미세한 색 차이를 줄 수 있다. 공간도 하나의 큰 조명 기구라 할 수 있다. 창으로 들어온 태양빛은 공간의 바닥과 벽을 맞고 일부는 흡수되고 일부는 반사된다. 벽과 바닥의 색은 공간 안에서 어떤 빛을 흡수시키고, 어떤 빛을 반사시킬지 결정한다. 벽의 색을 결정한다는 것은, 단지 벽 한 면의 색이 달라지는 것에 국한되지 않는다. 빛은 공간에서 서로 반사하며 자신의 색을 공간과 다른 물체들에 '묻힌'다. 분홍색 벽면 앞 하얀색 화병은 옅은 분홍빛을 띠게 된다. 공간에 반드시 분홍, 노랑, 파란색 조명을 사용해야 색감 있는 빛을 사용하게 되는 것은 아니다. 벽면에 색을 입힘으로써 우리는 공간에 그 빛을 사용하게 된다.

공간의 벽, 천장, 바닥의 표면색을 밝게 만들면 그 자체로 빛을 최대한 반사시켜 실내에 최대한 많은 빛이 머물 수 있도록 해 준다. 반대로 회색이나 검정색처럼 어두운색을 사용할 경우는 공간의 빛을 줄이는 효과를 만들어 낸다. 그리고 이러한 효과를 활용해 공간의 빛을 조절할 수 있다. 직사광이 들어오는 창가의 밝은 바닥 색은 반사된 빛을 최대한 공간 깊숙이까지 끌어들이는 역할을 한다거나, 과도한 직사광선으로 창가 쪽 벽면이 눈부심을 유발한다면 벽면에 회색, 쥐색, 고동색처럼 어두운색을 사용해 눈부심을 줄이는 것이 가능하다.

벽의 색은
단지 벽에만 머무르지 않는다.
벽을 맞고 반사된 빛의 색은
공간 여러 곳에 스며든다.

빛과 공간

업무나 공부를 위한 공간에는 낮 시간 쾌청하고 푸른빛을 더 강조해 활동성과 집중력을 높일 수 있도록 빛이 닿는 주요 면에 푸른색을 사용할 수 있다. 반대로 따뜻한 색의 온화한 빛 환경을 만들고 싶다면 베이지 같은 난색을 사용하는 것이 도움이 된다. 반사로 인한 빛의 변화를 최대한 줄이고, 광원에서 나오는 직접광에 집중할 수 있는 공간을 만들고 싶다면, 벽의 색을 최대한 어둡게 만드는 방법이 있다. 형형색색의 조명이 사용되는 공연장이나 클럽의 벽면이 어두운 이유가 여기에 있다.

색뿐 아니라 표면의 광택 역시 빛 반사에 영향을 준다. 같은 색상을 가진 벽면이라 하더라도, 광택도가 높은 벽면이 더 많은 빛을 반사시킨다. 예전에 사무실이나 병원 등에서 많이 사용했던 파라보릭 루버 형광 조명이 조명을 감싸고 있는 반사판으로 거울 같은 높은 광택도의 금속을 사용한 것이 그 예다. 높은 반사율을 가진 재료를 사용함으로써 빛의 효율을 최대한으로 올린 것이다. 하지만 높은 광택도는 빛의 형태까지 함께 반사시킨다는 것도 고려해야 한다.

무광의 표면은 반사율이 떨어지지만 난반사를 통해 부드러운 형태로 빛이 퍼지게 된다. 광택도가 높은 표면은 효율이 높지만 빛의 방향과 형태를 유지하게 되어 높은 대비 또는 눈부심을 발생시킨다. 특히 바닥의 경우 천장에 설치된 인공조명을 그대로 받아들이는데, 대리석같이 광택도가 높은 마감재의 경우 천장 조명을 그대로 반사해 번쩍거리고 산만한 시 환경을 만들 수 있다.

각자 존재하는 것 같은 모든 사물이
빛 안에서 서로 상호작용한다.

공간 속에 존재하는 모든 사물이 각자의 빛을 반사시키며 존재한다. 미약하게나마 자신이 반사하는 색을 공간에 뿌림으로써 물체의 색은 서로에게 조금씩 묻게 된다. 개별적으로만 존재한다고 생각했던 공간과 사물은 빛을 받아 반사함으로써 서로에게 영향을 준다. 수채화 선생님이 나에게 해 주셨던 말씀처럼 사물의 색은 서로에게 묻게 되어 있는 것이다. 이처럼 모든 사물은 각자 존재하는 것 같지만, 사실은 빛 안에서 서로 상호작용 하고 있다. 마치 따로 또 함께 살아가는 우리의 모습처럼.

햇 빛 이　너 무　밝 아
조 명 을　켭 니 다

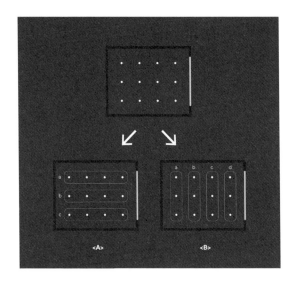

A, B 중 어느 것을 선택하겠는가?

간단한 퀴즈를 풀어 보자. 여기에 사무실이 있다. 방의 한쪽 면은 직
사광이 비추는 창문이 나 있다. 천장에는 그림과 같이 동일한 간격
으로 12개의 조명이 있다. 만약 조명 스위치를 A처럼 묶는 것과 B처
럼 묶는 것 중 하나를 골라야 한다면 어느 것이 좋은 방법일까?

사무실은 주로 낮 시간에 사용하기 위해 존재하는 공간이다. 사무실
에 남쪽의 창이 존재한다면 강한 직사광으로 창가 쪽은 매우 밝고,
안쪽은 상대적으로 어두울 수밖에 없다. A안의 경우, 창으로 들어오

빛과 공간

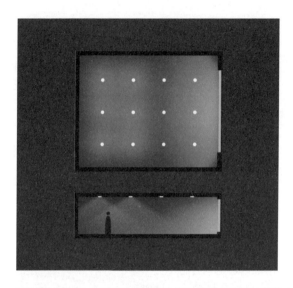

창을 통해 들어오는 태양 빛으로 인한 강한 밝기 차이를 조명으로 보완할 수 있다.

는 밝은 빛으로 인한 높은 조도 차를 보완하기 위해서 모든 조명을
켤 수밖에 없다. 하지만 B안과 같이 스위치를 창문과 평행한 방향으
로 나누어 계획한다면 창문에서 가장 먼 안쪽의 조명만 켜서 햇빛으
로 인한 심한 조도 차를 보완할 수 있다. 그리고 이러한 계획은 쾌적
한 빛 환경 뿐 아니라 효율적인 에너지 사용에도 큰 도움이 된다.

위의 사례는 모든 상황에 적용 가능한 절대적인 정답은 아니다. 조명
의 스위치를 나누는 기준은 햇빛 이외에도 공간 구획, 조명 방식 등 여
러 가지가 될 수 있기 때문이다. 하지만 공간의 빛을 계획할 때 강한 햇
빛을 보완하기 위한 조명은 한 번쯤 반드시 고민하고 넘어가야 하는 문
제다. 그것이 사무실같이 낮 시간에 주로 사용하는 공간이라면, 더군다

나 햇빛이 많이 들어오는 창문을 가진 공간이라면 더더욱 그렇다.

조명은 더 이상 밤의 어두움을 밝히기 위해서만 존재하지 않는다. 아이러니하게도 오히려 태양 빛이 밝을수록 켜야 하는 조명이 있다. 빛을 상대적으로 받아들이는 우리 눈의 특성 때문이다. 이렇게 자연조명을 보완하기 위한 인공조명을 '주광 보조 조명'이라고 하며, 넓은 범위에서 자연광을 고려한 빛 설계를 '실내상시보조인공조명 Permanent Supplementary Artificial Lighting inInterior, PSALI'이라고 한다.

도시와 현대 건축술의 발달은 우리를 고층 건물 속 낮고 넓은 공간에서 생활하도록 만들었다. 중세 성당과 같이 공간이 넓은 만큼 천장도 높으면 좋겠지만 우리의 공간은 대부분 그렇지 못하다. 한정된 땅에 많은 공간을 만들기 위해 내부 면적은 넓어지고 천장은 낮아졌다. 이런 공간적 특성에서 창문으로 들어오는 자연광은 공간의 일부만 밝히는 역할밖에 할 수 없다. 그로 인해 공간의 밝고 어두움의 차이, 즉 대비가 크게 발생한다. 창가는 너무 밝고, 안쪽은 너무 어둡다. 그리고 이 현상은 직사광이 강한 맑은 날, 그리고 빛이 가장 많이 들어오는 창문일수록 더욱 뚜렷하게 나타난다.

동일한 공간에서의 심한 밝기 차이는 눈부심을 불러일으킨다. 눈부심을 불러일으키는 건 높은 대비다. 밝은 곳을 기준으로 눈이 적응하면 안쪽이 너무 어두울 것이며, 안쪽에 적응한 눈은 밝은 곳을 바라보기에 불편해진다. 그래서 필요한 개념이 "실내상시보조인공조명(PSALI)"이다. 낮 시간 실내에 들어오는 태양 빛을 파악하고, 상

런던의 코벤트 가든 애플스토어. 안쪽 낮은 천장의 조명은 천창을 통해 태양 빛을 들이는 밝은 홀과의 대비를 줄여 준다.

대적으로 어두운 공간에 적절한 조명을 할 수 있도록 계획하는 것이다. 이는 어두운 밤에 공간을 밝히는 빛과는 또 다른 차원에서 계획된다. 이러한 계획에는 앞서 예를 들었던 주광 보조 조명뿐 아니라, 빛 선반, 광 천장11, 중정 등 다양한 방법이 사용된다. 어떻게 하면 낮시간 동안 태양 빛을 잘 활용할 수 있는 조명 환경을 만드느냐가 실내상시보조인공조명의 핵심이다.

---

11   光天障, 채광 또는 환기를 목적으로 지붕에 설치한 창

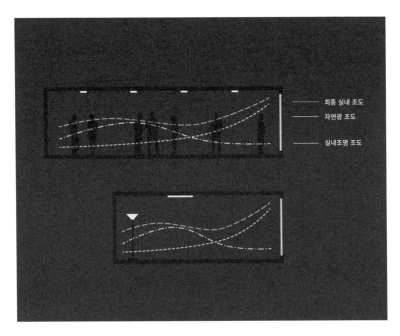

최종 실내 조도
자연광 조도
실내조명 조도

햇빛이 너무 밝기 때문에 켜야 하는 조명이 있다. 자연이 주는 풍성한 빛의 에너지를 가리기에
급급하기보다는 대비와 어둠을 보완함으로써 그것을 온전히 받아들이는 것이 필요하다.

이는 큰 건물이나 천창이 있는 복잡한 건축물에만 적용되는 것이 아
니다. 처음 이야기했던 스위치나 천장을 비추는 스탠드처럼 어둠을
보완할 수 있는 빛은 우리로 하여금 더 밝은 빛을 받아들이도록 만
들어 준다. 낮 시간의 풍성한 햇빛은 쾌적한 시 환경뿐 아니라 우리
의 건강과 수면에 도움을 준다. 빛이 강하다는 이유로 가리기에 급
급한 어두움의 하향 평준화가 아닌, 어두움을 보완함으로써 얻어지
는 밝음의 상향 평준화를 추구하는 것이 필요하다.

빛과 공간

가장 가성비 좋은
인테리어 요소는 뭘까

'가득 채운 방'

아들 셋을 둔 사업가 아버지가 있었다. 이제 나이가 들어 자식에게 사업을 물려주려고 생각하다가 궁리 끝에 세 아들을 불러 각각 30센트씩 주면서 이렇게 말했다.

> "너희들은 각각 30센트를 받았다. 시장이든 어디든 가서 이 방을 가득 채울 수 있다고 생각되는 물건을 사 오너라. 가장 부피가 크고 훌륭한 것을 사 오는 사람에게 사업을 물려주겠다."

첫째 아들은 장에 가서 건초 파는 사람을 만났다. 그래서 건초 한 짐을 지고 돌아왔다. 그러나 방의 3분의 1도 채우지 못했다. 둘째 아들은 몇 뭉치의 솜을 갖고 들어왔다. 역시 방의 3분의 2를 채우지 못했다.

　아버지는 한숨을 내쉬며 셋째 아들을 기다렸다. 어둠이 깔리고 늦게서야 셋째 아들이 돌아왔다. 그러나 웬일인지 그의 손에는 가느다란 양초 한 자루가 고작이었다. 아버지가 실망스러운 표정으로 물었다.

> "셋째야, 너는 무엇을 가져왔느냐?"

셋째 아들이 조용히 말했다.

"예, 우선 방 안으로 들어가시지요. 저는 아버지께서 주신 30센트를 가지고 시장에 갔는데 불쌍한 거지를 만나 10센트를 주었습니다. 곧이어 배고파 우는 어린아이를 만나 빵을 사 주었으며, 나머지 돈으로 이 초 한 자루를 샀습니다."

이렇게 말한 셋째 아들은 성냥을 그어 방 안에 촛불을 밝혔다. 방 안은 어둠이 걷히고 환한 불빛으로 가득 채워졌다.

"그렇구나! 이렇게 촛불을 켜니 방 안에 빛이 가득 찼구나. 참으로 훌륭한 생각이다."

하며 아버지는 매우 기뻐했다. 사업은 말할 것도 없이 셋째 아들에게 인계되었다.

오래전부터 익히 들어 알고 있는 이 이야기는 지혜로운 사람에 대한 이야기다. 하지만 나에게는 단지 지혜와 재치를 넘어 많은 생각을 하게 해 주는 일리 있는 이야기로 느껴지는 건 빛을 좋아하기 때문에 생긴 과도한 해석일까?

'인테리어'는 이제 더 이상 전문가의 영역에서만 쓰이지 않는 단어가 된 지 오래다. 구조를 바꾸고 바닥과 천장을 들어내 공사하는 것까지는 아니더라도, 원하는 색으로 벽을 칠하는 것, 어울리는 가구를 구매하고 배치하는 것, 식물을 들이고 예쁜 소품들로 공간에 활기를 불어넣는 것까지 인테리어의 영역은 확장되었다. 서점에는 인테리어에 관련된 책이 수없이 쏟아져 나오며, TV에서도 집과 인테리어를 다루는 프로그램을 어렵지 않게 볼 수 있다.

젊은 세대는 멋진 인테리어와 좋은 분위기의 카페에 가기 위해 많은 시간을 검색하고 이동하는 것을 마다하지 않는다. 조금 멀고 비싸더라도 '좋은 공간'이 주는 기분 좋은 감각을 알고 있기 때문이다. 하지만 그렇게 멋진 카페에 가기 위한 수고로움은 감내하지만, 정작 내 공간에 투자하기는 쉽지 않다. 돈이 많이 든다는 생각과 어느 정도 돈을 들여도 쉽게 바뀌지 않을 거라는 생각 때문이다.

이케아같이 합리적인 가격에 고품질을 표방하는 브랜드가 생기고 가구 업체는 예전보다 다양해졌지만, 막상 가구를 하나 고르려 하면 적지 않은 가격에 망설이게 되는 것이 사실이다. 게다가 최근 이슈가 되며 새롭게 오픈한 해외 명품 리빙 쇼룸들을 방문하면 예상보다 '0'이 하나씩 더 붙어 있는 가구 가격에 놀라곤 한다. 마음먹고 내 생활 공간을 바꿔 보고자 했던 사람들에게는 기운 빠지게 하는 일이 아닐 수 없다. 그리고 막상 고심해 주문한 가구를 집에 들여놓으면 매장에서 보았던 그 느낌이 나지 않는 경우까지 생긴다.

가구뿐 아니라 공사가 필요한 인테리어의 경우에는 더 큰마음을 먹어야 가능한 일이다. 이사할 시기의 공사가 아닌 이상 사는 공간을 일정 기간 비우거나 불편을 감수해야 하며, 공사의 영역은 가격이 정해져 있는 것이 아니기 때문에 이 가격이 적정한지, 문제가 생겼을 때는 어떻게 해야 하는지 몰라 선뜻 나서기 어려운 것도 사실이다.

특히 우리나라 주거 환경의 특성상 자가 거주가 아닐 경우 언제 이사 가게 될지 모르는 공간에 투자하는 것은 낭비라고 생각하고 아예 포기해 버리기도 한다. 그렇다고 좋은 집 안 환경을 포기해야 할까? 이야기 속 셋째 아들처럼 적은 비용으로도 방 안을 지혜롭게 채우는 방법은 없을까?

조명은 비용 대비 가장 효율이 높은 인테리어 요소다. 물론 '조명 디자인'이라는 이야기를 들었을 때 수십만 원짜리 비싼 조명 기구가 생각난다면 효율이 크지 않다고 생각될지도 모르겠다. 멋지게 생긴 조명 기구가 조명의 전부라면 가구와 마찬가지로 좋을수록 비용이 많이 필요하겠지만, 좋은 '빛'을 내는 조명 기구로 접근한다면 이야기는 달라진다. 조명은 가구나 다른 공사에 비해 적은 비용으로도 극적인 효과를 보여 준다. 30센트만 있어도 방을 가득 채울 수 있는 존재가 빛인 것처럼, 몇만 원 정도만 투자해 기본적인 조명 기구와 좋은 램프를 산다면, 그리고 무엇보다 좋은 자리에 배치한다면 적은 돈으로 당신의 공간은 훨씬 아름다워질 수 있다.

이제는 꽤 오래전인 2013년, 필립스에서 특별한 이벤트를 진행한 적이 있다. 동일한 공간에 주광색 천장 조명과, 따뜻한 색온도의 다양한 높이 및 형태의 조명을 사용했을 때 공간이 얼마나 달라 보이는지, 나아가 그 공간에 놓인 가구와 사는 사람에 대한 이미지까지 어떻게 달라지는지를 비교해 본 실험이었다. 두 조명을 번갈아 가며 켜 주는 장면에서는 실제로 이 공간이 같은 공간이 맞는지 의아할 정도로 극적인 변화를 보여 준다.

같은 가구, 같은 공간을 주광색 방등을 사용할 때(위)와 따뜻한 색의 다양한 직간접 등을 사용할 때를 비교한 사진 (필립스 라이팅, 2013)

왼쪽 상단 사진의 공간은 이전까지 우리나라의 집에 일반적으로 사용해 오던 주광색의 천장등을 사용했을 때의 모습을 보여 준다. 우리가 공간을 밝힐 때 가장 쉽게 생각하는 방법은 천장 가운데에 조명을 두어 공간을 밝히는 것이다. 그런데 이 경우는 바닥의 조도만 생각했을 땐 가장 효율적인 조명일 수 있겠지만, 실제로 사람이 공간과 사물을 어떻게 느끼는가에 대한 고민은 담겨 있지 않은 조명이기도 하다. 공간의 명암도 지루하여 재미가 없으며, 한낮의 하늘색 빛과 닮은 푸른색 조명은 저녁 시간 집의 분위기와도 맞지 않는다.

이후 공간의 천장등이 꺼지고 다른 조명이 켜진다. 천장의 한쪽에서 벽을 밝히는 조명, 벽의 조형물 뒤를 밝히는 간접 조명, 스탠드와 펜던트 조명, 주방 수납장 아래의 작업등, 각 가구와 선반에 설치된 간접등이 공간을 밝힌다. 가구 하나 바뀌지 않고, 도배나 바닥 공사도 한 적이 없지만 공간은 완전히 새롭게 바뀌었다. 마치 30센트로 온 방을 가득 채운 셋째 아들의 지혜처럼, 형태를 가지고 있지 않은 빛이 새롭게 공간을 가득 채웠다. 이벤트를 소개하는 영상의 마지막에는 다음과 같은 카피가 나온다. "조명이 바뀌면 가치가 바뀝니다."

빛의 변화는 실제 가치에 대한 인상의 변화를 가져온다. 공간이 가진 분위기의 가치, 놓여 있는 물건에 대한 가치, 공간을 사용하는 사람에 대한 가치까지. 이러한 점을 가장 잘 아는 상업 공간 설계자들은 팔고자 하는 물건을 가장 가치 있게 보이기 위해 실로 엄청난 노력을 기울인다. 제품이 놓인 공간의 분위기, 진열대의 높이와 깊이, 색과 질감 모두 대상을 더 가치 있어 보이기 위해 설계된다. '조명발'

빛과 공간

이라는 단어에서 알 수 있듯 조명이 매우 핵심적인 요소 중 하나임은 두말할 나위가 없다. 결국 우리가 보는 것은 제품 자체가 아니라 제품을 맞고 나오는 빛이기 때문이다. 그리고 이렇게 빛에 따라 달라지는 공간, 사물, 사람의 가치 변화는 비단 판매 공간뿐 아니라 우리가 머무는 모든 공간에 해당된다.

우리는 좀 더 좋은 빛에 관심을 가질 필요가 있다. 값비싼 명품 조명이나 거창한 공사가 아니더라도 좋은 빛을 만들 수 있다. 처음에는 어색하고 혹은 어둡다 느낄지 몰라도, 며칠만 그 빛에 익숙해진다면 어두운 밤 파란 형광등이라는 존재가 반대로 얼마나 어색한 빛이었는지 쉽게 느낄 수 있을 것이다. 이런 작은 노력이 30센트로 남을 돕고도 방을 가득 채운 지혜로운 셋째 아들의 이야기처럼, 많은 돈을 들이지 않고서도 내 공간이 전혀 다른 모습으로 바뀌는 나의 이야기가 될지도 모른다.

우 리 집 조 명 은
왜 별 로 일 까

한국은 아파트가 주된 주거 공간으로 자리 잡은 지 오래다. 과거 한옥이 우리 조상의 주거 문화와 철학을 대변했듯, 지금의 한국은 아파트가 우리의 주거 문화를 대변한다. 조명 설계 회사를 다니던 시절 교량과 공원, 지하철 조명만 작업하던 우리 팀에 아파트 조명 프로젝트가 들어왔다. 늘 주거 조명에 대한 아쉬움이 많았던 터라 뭔가 해볼 수 있겠다는 기대감이 있었다. 그래도 당시 우리 회사는 나름 실력 있는 조명 설계 사무소였기에, 이전의 뻔하고 안일한 조명을 배제하고 해외의 좋은 조명 사례들을 분석하고 좋은 빛 환경을 만들 수 있으리라 생각했다. 그래서 우리는 더욱 과감한 제안들을 만들었다. 거실 소파가 놓일 자리에는 낮은 시선에 맞도록 나란히 세 개의 펜던트가 달린 조명을, 천장에는 방향을 조절할 수 있는 매입등을 사용하고, TV가 놓일 자리 뒷면에는 간접 조명을, 침대가 놓일 자리엔 벽등을, 공부방 책상 위에는 기다란 집중 조명 펜던트를 계획했다.

오랫동안 고민한 야심찬 계획이었지만 그 모든 제안은 결국 무산됐다. 다양한 높이와 형태의 조명들은 모두 사라지고, 비워진 자리에는 약속이라도 한 듯 천장 한가운데의 방등으로 채워졌다. 이유는 명확했다. '실제로 살 사람이 이곳을 어떻게 사용할지 알 수 없다'는 것이었다. 비용 문제를 무시할 순 없겠지만, 그 부분을 배제한다 해도 공간에 최적화된 조명안이 선택되는 것은 사실상 어려운 일이었다. 누군가는 소파를 반대쪽에 놓고 싶어 할지 모르고, TV가 없는 집

당시의 아파트 조명은 답이 정해져 있었다.

도 있을 것이며, 거실을 서재로 쓰고 싶어 하는 사람이 있을 수도 있다. 방 역시 마찬가지다. 침대방이 될지, 공부방이 될지, 창고가 될지, 또 침대의 머리 방향은 어느 쪽으로 할지, 화장대의 위치와 책상의 위치, 아니 우리는 애당초 그런 것들이 있을지 없을지조차 정할 수 없었다.

가구의 위치를 모른다는 건 그 공간에 사는 사람이 어떤 동선과 시야를 갖는지 알 수 없다는 것이며, 이는 조명 설계에서 고려할 가장 중요한 요소를 얻을 수 없음을 의미한다. 아무것도 정할 수 없는 이 상황에서 우리의 아파트는 그냥 방 한가운데, 가장 높은 곳에 조명을 설치하는 것을 택했다. 법으로 규정한 실내 조도 기준을 맞출 수 있는 정도의 아주 기본적인 조명을 말이다. 아파트뿐 아니라 사용하는 사람에 따라 배치가 달라질 수 있는 모든 주거 공간에는 그런 이유로 방등이 설치된다.

그나마 가구 배치가 완료되어 사용자 시선에 맞도록 조명을 배치할 수 있는 공간이 한 군데 있다. 바로 화장실이다. 화장실의 경우에는 사는 사람 마음대로 세면대나 변기, 욕조의 위치를 바꾸기 힘들기 때문이다. 각 용도에 맞는 조명을 원하는 위치에 설치할 수 있는 곳이다. 세면대와 거울이 어디에 배치될지, 욕조와 샤워부스는 어디에 둘지 등이 정해지기 때문에 무조건 천장 중앙에 등을 설치하는 관습을 따르지 않아도 된다. 세면대 위, 거울과의 간섭을 피해 조명을 배치하고, 욕조 위 샤워기 헤드로 인한 그림자가 지지 않도록 조명의 위치를 옮기는 것도 가능했다. 침실에서는 그렇게 어렵던 벽등도 욕실에 한해서는 달 수 있는 이유도 이와 같다.

호텔이나 멋진 펜션의 조명이 어딘가 집보다 좋고 분위기 있는 이유의 근본은 모두 가구의 종류와 위치가 정해져 있는 상태에서 사용자의 시 환경에 따라 조명 설계를 할 수 있기 때문이다. 사용자가 어디에 어떻게 가구를 두고 활동할지 정해지면 우리는 훨씬 좋은 빛 환경을 만들 수 있다. 하지만 대부분의 주거 조명 설계에서는 그것이 불가능하다. 이처럼 짓는 사람과 사는 사람이 구분된 환경이 낳은 극도로 하향 평준화된 조명이 바로 우리나라의 '방등'이다. 가장 적은 비용으로 바닥 면 조도를 중시하는 국내 조도 기준에 맞춰 선정된 조명이다. 직접 배치까지 고려해 설계되는 개인 주택, 호텔, 별장 등에는 방등이 없는 것도 다 이유가 있다.

그런데 해외에서는 방등을 찾아보기 힘들다. 해외라고 모든 집의 배치가 정해진 것은 아닐 텐데 말이다. 유럽과 같은 서양도 짓는 이와 사는 이가 분리되어 있지만 방등으로 조명을 해결하는 일관적인 방법보다는 펜던트, 스포트 조명, 샹들리에, 벽등, 플로어 스탠드 등 다양한 방식으로 주거 공간의 빛을 해결한다. 심지어 천장등 자체가 없는 경우도 많다. 방등이 유일한 해결 방안이 아닐뿐더러, 주거 환경에 방등은 좋은 조명이라고 보기 어렵기 때문이다. 방등 타입의 조명이 주거 공간, 특히 침실에 좋지 않은 이유를 크게 두 가지로 정리하면 다음과 같다.

첫 번째 이유는 방등이 가지고 있는 빛의 형태 때문이다. 방등은 가장 높은 효율과 가성비로 균일한 조도를 내기 위해 존재하며 이는 좋은 빛 환경과는 거리가 멀다. 공간을 어떻게 사용하더라도 문제가 없을 정도로만 만든 빛 환경이다. 2장의 '흐린 날 기분이 우울한 이유' 편에서 설명했듯 의미 없이 균일한 빛 환경은 흐린 하늘이 만들어 내는 대비가 적고 우울한 빛과 크게 다르지 않다. 게다가 바닥 면의 조도를 확보하기 위한 조명이기에 벽면과 천장은 상대적으로 어둡게 보이며, 이는 공간을 좁고 침침해 보이게 한다. 또한 머리 꼭대기에서만 비추는 조명 아래 마주하는 사람의 얼굴은 좋은 인상으로 느껴지기 어렵다.

모델하우스에 가면 화려한 주거의 모습을 보게 된다. 건설사는 고급 가전과 멋진 소품으로 공간을 꾸며 방문객의 시선을 사로잡는다. 하지만 아무리 멋진 가구와 소품을 가져다 놓아도 기존의 적은 대비의 밋밋한 조명만으로는 좋은 공간으로 보이기 어렵다. 모델하우스는 아파트의 부족한 빛 환경을 숨기기 위해서 다양한 장치들을 해 놓는다. 침대 밑, 머리맡, 책장 밑 등의 간접 조명과 각종 플로어 스탠드와 테이블 스탠드 조명을 배치한다. 그뿐만이 아니다. 그것으로 모자라 천장에 전시장에서 쓸 법한 수십 개의 스포트 조명을 모든 공간에 추가 설치한다. 빛의 강약을 만들어 주는 조명이 한 집당 수십 개씩 사용된다. 사람은 균일한 빛과 대비를 가진 빛이 조화롭게 어우러질 때 좋은 빛 환경이라고 느낀다는 것이 잘 반영된 빛 환경이다. 물론 실제 살게 될 고객의 집 환경과는 관련이 없는 것이 문제다. 우리 주거의 실제 빛 환경을 왜곡하는 이러한 모델하우스의 전시 조명 사용은 과대광고나 다름없다. 이는 현재의 부족한 주거 조명이 개선될 여지를 막고 있는 요소 중 하나다.

모델하우스에는 기존 조명의 부족함을 보완하기 위해 수많은 임시 보조 조명을 설치한다.

두 번째 이유는 눈부심이다. 2장의 '밝은 건 좋지만 눈부신 건 싫어' 편에서 설명한 것처럼 눈부심은 사람의 중심 시야에서 가장 많이 일어난다. 사람이 주로 활동하는 시야에는 밝은 빛이 직접 보이는 것을 최대한 피해야 하는 이유다. 그런 관점에서 특히 침실의 방등 사용은 결코 좋은 조명이 아니다. 사람이 주로 누워 있는 침실 천장 한가운데 바닥을 비추는 조명이 있다는 건 사용자의 시선을 고려하지 않았다는 의미다. 누운 상태일 때 사람의 시선은 자연스럽게 천장을 향하게 된다. 천장 한가운데 조명은 누워 있는 사람의 시선과 정면에 위치함으로써 눈부심을 유발한다. 결국 침대에 누워 있을 때 침실의 빛 환경은 두 가지일 수밖에 없다. 등을 켜 둬 눈이 부시거나, 아니면 끈 상태로 캄캄하거나.

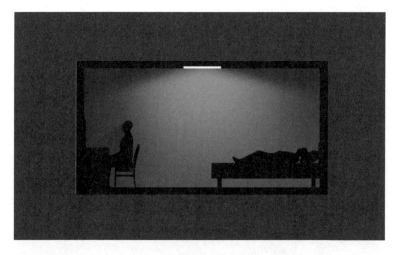

방등은 공간의 용도나 사람의 시선을 고려하지 않은 하향 평준화된 조명이다.

한 걸음 더 나아가 하루 종일 누워서 지내는 갓난아이의 공간을 생각하면 조명에 좀 더 신경 써야 할 필요를 느끼게 된다. 엄마는 앉아서 아이를 보지만, 아이는 바닥에 누워 하루 종일 천장을 바라보는 시야를 갖게 된다. 앞서 언급했듯 실제로 갓난아이의 눈은 어른보다 더 깨끗한 수정체를 가지고 있어 어른의 시각보다 민감하다고 알려져 있다. 아이에게 좋은 빛 환경을 만들어 주는 것은 우리의 생각보다 더 중요한 문제일지도 모른다.

주로 누워 있는 공간에는 플로어 스탠드나 테이블 스탠드를 두는 것이 좋다. 천장을 환하게 밝힐 수 있는 종류의 플로어 스탠드라면 어느 정도 방등을 대체할 수 있는 정도의 밝기도 만들 수 있다. 침대 옆 협탁에 테이블 스탠드를 놓는다면 잠들기 전 따뜻한 이불 밖을 벗어나 불을 끈 뒤 어두워진 방에서 더듬더듬 침대를 찾아 다시 누워야 하는 불편함도 없앨 수 있을 뿐 아니라 시각적으로도 훨씬 편안한 시 환경을 만들 수 있다. 천장등을 사용해야 한다면 하부만 비추는 조명보다는, 천장과 벽을 골고루 밝혀 줄 수 있는 조명을 찾는 것이 좋다.

방등이 효율적인 조명이라는 점은 동의한다. 하지만 그것은 사람의 눈이 아닌, 기계적 수치의 바닥 조도를 기준으로 한 효율을 따질 때의 이야기다. 이제는 단순한 수치적 효율을 벗어나 그 속에 살아가는 사람을 기준으로 우리 삶에 보다 쾌적하고 아름다운 빛을 고려해야 하는 시대가 되었다. 가구는 이제 결혼할 때 사서 20여 년을 사용하는 혼수품에서 벗어나 개인의 용도와 취향을 넘어 트렌드와 사치의 영역을 넘나드는 존재로 변화했다. 빛도 이제는 새로운 시대에 접

빛과 공간

어들 시기가 되었다. 실제 형태로 보이는 주거 환경 대부분의 요소는 발전했는데, 보이지만 보지 못하는 '빛 환경'에 대한 관심은 아직 부족하다. 이제는 빛을 이해하고, 사람을 이해하는 것에서 시작해 비싼 조명 기구가 아닌 더 좋은 빛 환경이 우리 삶에 필요하다.

어디에 앉아 있고 어디에 누워 있으며 어디를 바라볼 것인지에 따라 빛은 다르게 계획될 수 있다.

집 에 는
어 떤 색 온 도 를
써 야 할 까

첫 직장이었던 조명 설계 회사에 출근한 지 불과 며칠 지나지 않은 어느 날, 소장님은 나에게 회사 화장실 램프를 하나 사 오라는 작은 심부름을 시켰다. 기존의 것과 같은 주황빛이 나는 램프를 사 오라는 말과 함께. 근처 철물점에 간 나는 고민에 빠졌다. 내가 사려고 하는 규격의 램프가 놓인 선반에는 '주황색'은 없고 온통 '주광색' 램프만 가득했기 때문이다. '비슷한 이름인데…… 표기가 조금 다른가 보다'라며 나는 주광색 램프를 사 왔고, 이윽고 하얗다 못해 푸른빛이 도는 화장실 조명을 본 소장님은 한숨을 쉬셨다. 조명 설계 회사에 다닌다고 하는 디자이너가 주광색과 주황색도 구분하지 못하던…… 그런 시절이 있었다.

나는 앞서 우리나라 주거 조명의 문제점으로 방등을 꼽았다. 이는 빛의 형태에 있어 설계상 고려할 수 있는 것이 없는 우리나라 건설 현실이 낳은 극도의 하향 평준화 조명이라고 설명했었다. 이 외에 그에 못지않게 중요한 요소가 또 있다. 바로 '색온도'다. 우리나라 주거의 빛은 형광등 시절부터 시작된 주광색 조명에서 쉽게 벗어나지 못하고 있다.

2장의 '빛으로 동기화되는 시계' 편에서 이야기했던 것처럼 사람의 몸은 자연의 24시간 주기를 기준으로 적응하며 살아가도록 되어 있

빛과 공간

다. 특히 우리의 몸은 빛을 통해 하루라는 시간에 동기화되어, 시간의 변화에 맞도록 몸의 기능을 조절한다. 낮 시간 활발히 활동해야 하는 사무실, 학교, 병원 등의 공간에는 주광색의 조명이 많이 쓰인다. 이는 햇빛 속 푸른빛을 반영하여 우리의 활동력과 집중력을 증가시킨다.

주거의 경우는 어떠한가? 주거라는 공간은 대부분 하루의 일과를 마친 후 휴식과 충전을 위해 가장 많은 시간 사용된다. 빛이 잘 드는 주거환경이라면 낮 시간은 실내조명보다 주광의 영향이 강하기 때문에 내부의 조명들은 대부분 주광의 보조 역할을 하는 경우가 많다. 실내조명이 주된 역할을 하는 시간은 해가 저물어 가기 시작하는 늦은 오후부터다. 하루의 사이클이 끝나 가고, 사람의 몸이 내일을 준비하려고 하는 그 시점에 많은 집이 새벽을 알리는 푸른빛의 주광색 형광등을 켠다. 이런 빛 환경은 자연이 만든 몸의 생체리듬과 맞지 않다. 예민한 경우 불면증이나 우울함의 원인이 될 수도 있다. 주거 공간에 사용되는 빛에 높은 색온도의 램프를 지양해야 하는 이유다.

재택근무, 작업실 또는 공부방과 같이 낮 시간에 사용하며 활력과 집중력이 필요한 주거 공간의 경우에는 높은 색온도의 빛이 적합할 수 있다. 하지만 우리 몸에 안정을 주고, 깊고 원활한 수면을 준비하기 위해서는 높은 색온도의 푸른빛 조명보다, 낮은 색온도의 붉은빛 조명이 필요하다. 이처럼 필요한 색온도를 결정하는 것은 공간을 주로 사용하는 시간대와 공간의 용도다.

알맞은 형태와 색온도의 빛 사용은 아늑함과 쾌적함을 동시에 가져다준다.

그렇다면 왜 우리나라 주거의 조명은 대부분 높은 색온도의 형광등일까?

전구는 19세기 후반 발명되어 가장 먼저 사용된 전기 기반의 인공조명이다. 전구는 발열반응을 통해 빛을 내는 광원으로, 상대적으로 낮은 색온도의 오렌지빛을 띤다. 태양이나 촛불과 같은 발열반응으로 인한 빛이었기에 전구의 빛은 친근하며 높은 연색성[12]을 가졌다. 하지만 전구는 큰 단점을 하나 가지고 있었다. 바로 낮은 효율과 짧은 수명이다. 그러던 중 형광램프가 개발되었다. 1938년 처음 개발된 형광램프는 백열전구에 비해 밝기는 7~8배, 수명은 무려 10배가 넘는 그 당시 기술의 획기적인 결과물이었다. 형광램프는 백열전구가 만들어 낼 수 없던 주광색의 광원이기도 했다.

램프의 종류가 색온도를 결정하던 시절이었다. 우리나라에서는 1950년대 후반부터 형광램프가 생산되기 시작했다. 한국전쟁이 끝난 후 우리나라 가정에 전기가 보급되기 시작했고, 전구보다 효율이 높았던 형광등은 고가의 형광등 가격이 기술 발전으로 내려가기 시작하면서 우리의 주거환경 속으로 깊숙이 들어왔다. 효율이 중요한 시대였기에 적은 전기로도 낮처럼 환하게 밝혀 주는 형광등은 우리에게 가장 익숙한 조명이 되었다. 전구는 어두침침하다는 고정관념과 '높은 효율'이라는 장점으로 백열전구를 대체해 온 형광등이 아파트 발전 시대에 맞물리면서 현재 대한민국의 주거 빛 환경

12　조명이 물체의 색감에 영향을 미치는 현상. 높을수록 색감 표현력이 좋다.

을 만들었다.

이와는 다르게 서구 유럽권에서는 형광등을 주거의 용도보다 '작업등'의 용도로 인식한다. 병원, 학교, 도서관 등 높은 효율과 낮 같은 밝은 느낌을 주는 조명으로만 형광등을 사용해 왔다. 양초와 램프를 사용했던 실내조명이 전구와 할로겐램프로 대체되는 것은 가능했지만, 형광등이 주거의 영역까지는 침투하지 못한 것이다. 이러한 색온도의 인식 차이로 한국 사람은 서양 문화권의 주거 조명을 보며 '침침하고 답답한 조명'이라 생각하고, 서구인들은 한국 주거의 조명을 '병원 같은 조명'이라고 생각한다.

각기 다른 문화에 정답은 없다. 하지만 자연의 빛, 그리고 색온도에 적응하는 사람의 몸을 생각해 봤을 때, 높은 색온도의 주광색 조명보다 낮은 색온도의 오렌지색 계열의 조명이 주거 환경에 더 적합하다고 본다. 오렌지색 빛이 저녁다운 빛이라면, 주광색의 빛은 밤을 이기려 하는 느낌이랄까.

특히 가스 방전을 통해 빛을 만들어 내는 형광등은 주거환경에 사용하기에 부족한 점이 많은 조명이다. 형광등이 낮의 태양 빛이라는 의미의 주광색晝光色이라는 이름을 썼다고 해서 태양 빛과 같다는 의미는 아니다. 색온도의 범위만 태양과 유사할 뿐, 실제로 형광램프가 품고 있는 빛의 스펙트럼은 풍성한 태양 빛과 달리 분포가 극히 적고 불규칙하다. 이로 인한 색의 왜곡도 발생한다. 형광등은 빛의 '질'로 따졌을 때는 전구보다도 떨어지는 조명이다. 게다가 점

광원13인 전구에 비해 비교적 넓은 면적에서 빛을 내는 형광등은 대비가 적은 빛 형태를 만든다. 형광등 아래에서 사진을 찍으면 아무리 노력해도 예쁘게 보이지 않는 건 이러한 이유들 때문이다. 그럼에도 우리는 효율과 익숙함을 이유로 이 빛을 계속 사용해 왔다.

우리나라 주거 조명이 형광등의 주광색으로 변화했지만, 화장실만큼은 점등까지 걸리는 시간을 이유로 백열전구가 사용되었다. 이는 스타트 램프가 필요 없는 형광등이 개발된 이후에도 한동안 지속됐다. 집에서 효율이 낮지만 따뜻하고 비교적 풍성한 빛을 내는 유일한 공간이 화장실이 된 것이다. 게다가 거울까지 있는 장소라니! 집에서 유일하게 셀카를 찍기에 좋은 빛을 가진 공간이 화장실이 된 것은 결코 우연이 아니다.

시간이 지나 현재는 형광등의 발전과 LED의 개발로 광원의 종류와 상관없이 원하는 색온도를 사용할 수 있게 되었다. 이전에는 광원의 종류가 색온도와 밀접했다면 이제는 광원은 광원대로, 색온도는 색온도대로 결정할 수 있는 시대가 된 것이다. 그렇게 선택지는 많아졌지만 사람들은 오히려 혼란스러워한다. 어떤 것을 골라야 할지 모르기 때문이다.

우리는 오랜 시간 주광색의 조명에 익숙해 있었다. 새로 짓는 아파트들도 이렇게 익숙해진 사람들의 경험을 거스르고 낮은 색온도의

13   크기와 형태가 없이 하나의 점으로 보이는 광원

다양해진 조명 기구의 형태만큼이나 램프가 가진 빛의 색도 다양하다. 이 수많은 선택지 중 우리는 어떤 빛을 골라야 할까?

조명을 쓰는 것이 쉽지 않다. 디자인은 사용자를 위해 존재하는 것이므로, 사용자가 더 익숙하고 좋다고 여기는 빛을 무시할 수 없다. 그렇다면 빛의 품질과 사용자의 축적된 경험, 이 두 가지를 모두 아우르는 해답은 없는 것일까?

첫 번째 방법은 중간색의 색온도를 사용하는 것이다. 주백색(아이보리)으로 불리는 4천 켈빈 조명이 대표적이다. 형광등과 전구의 중간색 조명이 존재한다. 이는 "백열전구=오렌지색, 형광등=주광색"처럼 각각 빛을 내는 방식으로 인해 색온도가 결정되던 시기에는 나오기 어려웠던 램프 색이다. 메탈할라이드 램프가 이 색온도로 빛을 낼

빛과 공간

수 있었지만 메탈할라이드 램프는 고가일뿐더러 큰 안정기[14]가 별도로 필요했고, 기본적인 와트 수가 높아 가정에 사용되기에는 부적합했다. 하지만 이 색은 그야말로 너무 붉지도, 또 하얗지도 않은 적절한 중간색이었으며 조명 설계 회사에서 일하던 나는 이 램프를 가장 좋아했다.

하지만 LED를 포함한 램프 제조 기술이 발전하면서 가정에서도 4천 켈빈 램프를 쓸 수 있게 되었다. 이는 내 관점에서는 굉장한 기회이자 축복이다. 몇 년 전까지만 해도 4천 켈빈의 색온도를 내는 형광램프는 램프 제조업체 중에서도 세계적인 큰 기업 정도에서나 나오는 램프였고, 그마저도 구하기 어려웠다. LED의 시대가 된 현재 4백 켈빈은 물론 3천~6천5백 켈빈을 오가며 자유자재로 색온도 변화까지 되는 램프가 다양하게 개발되어 판매되고 있다.

중간색의 색온도를 가진 조명을 잘 활용하면 우리 공간의 빛은 더 나아질 수 있다. 오렌지색 조명을 사용할 때의 침침함은 없애면서, 저녁 시간에 켜는 형광등의 어색함도 상쇄시킨다. 일반 형광등에 비해 거부감은 크지 않지만, 이 빛에 조금만 익숙해지면 오히려 주거 공간에서 다시 주광색 조명을 쓰는 것이 불편해질 것이다. 주광색이 '병원 조명' 같다는 사람들의 말을 이해하게 될지도 모른다. 익숙했던 것에서 조금 더 나은 방향으로 바꾸려 할 때는 늘 기존의 관성에

14 　조명 기구의 전류를 안정적으로 만들어 주기 위한 장치. 이것이 없으면 방전 회로에 전류가 무제한으로 흐를 위험이 있다. 백열전구는 안정기가 필요 없었지만 형광등, LED 등 많은 램프에 안정기가 필요하다.

3천 켈빈(K)과 6천 켈빈 사이의 빛인 4천 켈빈 조명은 한국 주거 공간 빛의 대안이 될 수 있다고 생각한다.

도전해야 하는 단계를 거칠 수밖에 없다.

두 번째이자 결과적으로 우리가 추구해야 하는 방법은 여러 색온도를 조화롭게 사용하는 것이다. 자연의 빛은 시간에 따라 변하기도 하지만, 기본적으로 여러 색온도의 빛이 섞여 있는 상태로 존재한다. 직사광과 천공광의 차이가 대표적이다. 태양의 표면은 약 5천8백 켈빈의 온도로 빛난다. 그리고 지구의 대기는 그중 파란색과 보라색의 파장을 산란시켜, 우리에게 파란색으로 빛난다. 푸른빛을 미리 산란시킨 직사광은 그보다 낮은 색온도를 띤다. 우리에게 하늘이 파란색, 태양은 밝은 노란빛으로 보이는 이유가 이것이다. 두 가지 빛이

빛과 공간

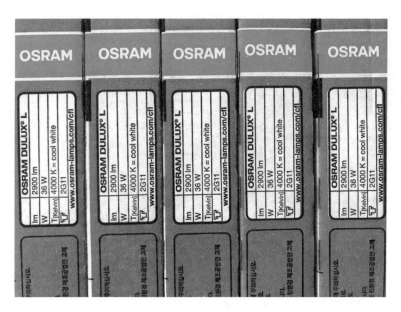

4천 켈빈 램프의 영문 표기는 natural white, cool white로 표기하는 등 회사마다 다르다. 한글 표기는 백색, 주백색 또는 아이보리라고 되어 있으나 4천 켈빈을 확인하는 것이 가장 안전하다.

합쳐져 맑은 날을 기준으로 직사광 아래는 약 5천~5천5백 켈빈, 천 공광만 비추는 그림자 속은 약 7천 켈빈 정도의 색온도를 보인다(색 온도는 그림자에서 더 높다). 이뿐 아니라 구름과 날씨와 대기 상태에 따라 자연은 각기 다른 색온도와 형태의 빛이 어우러져 이 세상을 밝 히고 있다.

이처럼 우리의 공간에도 조금씩 다른 색온도의 조화로 부드러움과 쾌적함을 동시에 만들 수 있다. 예를 들어 공간 전체를 밝히는 조명은 더 낮은 색온도로, 집중하고 작업이 필요한 조명은 국부적으로 더 높은 색온도를 사용하는 것처럼 말이다. 그런데 주광색과 전구색을 같이 사용하는 것처럼 과도한 색온도 차이는 오히려 어색함을 줄 수 있다. 하지만 4천 켈빈 같은 중간색 램프를 사용하여 4천 켈빈~3천 켈빈의 조화를 만든다든지, 6천5백 켈빈(주광색)~4천 켈빈의 조화를 만들면 더 자연스럽고 쾌적한 환경을 만들 수 있을 것이다.

단순히 어둠을 물리치기 위해 빛을 사용하는 시기는 지났다. 이제는 휴식, 독서, 집중, 취침, 요리, 식사, 대화 등 용도와 시간에 맞춘 보다 좋은 빛을 집이라는 공간에 사용할 때가 되었다. 비싼 조명, 멋진 디자인의 조명을 사는 것은 그다음 일이다. 집의 규모보다 그 속에 사는 우리의 삶을 생각하고, 조명 기구보다 그 속에서 나오는 빛을 먼저 고민할 때 우리의 집은 더 좋은 공간으로 변하게 될 것이다.

빛과 공간

조 명 은
천 장 에   달 아 야   한 다 는
고 정 관 념

어느 날, 한 지인에게서 연락이 왔다. 본인이 곧 이사할 집에 간단한 인테리어 공사 예정인데 조명 공사 비용이 생각보다 많이 들어, 이 비용을 들일 만한 공사인지 봐 줄 수 있냐는 내용이었다. 나는 건네준 조명 공사 비용과 그 업체에서 이전에 시공했다는 사례들을 살펴보았다.

다소 밋밋한 거실 천장에 깊이를 내 간접 조명을 넣고, 기존의 구식 조명을 최근에 많이 사용하는 LED 조명으로 바꾸고, 식탁 위에는 다운라이트 대신 동그란 펜던트 조명을 다는 일반적인 공사들이었다. 천장 공사의 범위나 시공 과정을 봤을 때, 업체에서 제시한 금액이 과도하게 높게 책정된 금액은 아닌 듯 보였다. 하지만 문제는 이렇게 돈을 들여 고친다고 해서 정말 좋은 빛의 공간을 만들 수 있느냐고 묻는다면 "전혀"라고 대답할 수밖에 없었다. 결국 조명 공사 부분은 취소했고, 그 돈으로 조만간 좋은 조명을 사러 같이 가기로 약속했다.

우리가 생활하는 공간의 조명 기구는 대부분 천장에 달려 있다. 건축 도면에서 천장도는 거의 조명 배치도와 동일한 의미로 쓰일 만큼, 조명은 천장의 가장 중요한 요소다. 대부분의 공간에서 조명은 천장에 설치된다. 아파트로 대표되는 우리의 주거도 마찬가지다. 거실과 모든 방에는 기본적으로 천장 한가운데 조명이 설치되어 있다. '조명은 천장 한가운데'라는 고정관념은 쉽게 바꾸기 어려운 우리의 빛 현실을 대변한다.

하지만 천장에 설치된 조명의 위치를 바꾼다는 것은 쉬운 일이 아니다. 경우에 따라 조명 기구 비용만큼이나 설치비 또는 전기 공사 비용이 많이 드는 것이 천장 공사이기도 하다. 또한 그렇게 어렵게 설치된 조명은 이사라도 하게 되면 모두 포기해야 한다. 그렇다고 애써 만든 천장 조명의 빛 환경이 좋은지 묻는다면 안타깝게도 그렇지 못하다. 아무리 돈을 들인다 한들 천장의 조명 기구 종류와 색상 정도만 바꾼다면 근본적인 문제는 해결되지 않는다.

처음부터 천장이 조명 기구가 달리는 역할을 했던 것은 아니다. 전기와 전구가 발명되기 전, 실내로 빛을 들이는 가장 큰 요소는 창문이었으며, 대부분 벽면에 위치했다. 해가 지고 밤이 되면, 램프나 양초 등의 불을 이용해 실내 공간을 밝혔는데, 이들의 높이는 대부분 사람의 눈높이에서 위아래로 크게 벗어나지 않았다. 때론 샹들리에 같은 조명이 있었지만, 이는 대중적인 빛이라 보기에는 어려운 조명이다. 높은 천장에 매달려 있는 샹들리에의 램프에 불을 붙이거나 양초를 교체하는 일은 매우 번거로운 일이었기 때문이다.

전구가 발명된 후, 우리의 실내 공간에는 전기를 사용한 새로운 빛이 생겼다. 필라멘트를 통해 빛을 내는 전구는 자연의 촛불보다 훨씬 밝았다. 하지만 빛을 내는 부분은 아주 작았고 이는 필연적으로

빛과 공간

하늘에서 내려오는 빛은 우리에게 가장 익숙한 빛이다. 대부분의 조명은 그 방식을 따른다.

눈부심을 유발했다. 새롭게 등장한 전구는 그대로 눈높이에 두기엔 어려운 빛이었다. 그래서 램프가 바로 보이지 않도록 갓을 씌우거나, 전구를 눈높이 위로 올리는 방식으로 조명을 다루기 시작했다.

사실 높은 공간에서 내려오는 빛은 우리에게 매우 익숙한, 아니 당연한 빛이다. 우리에게 가장 많은 빛을 주는 태양이 하늘에 있기 때문이다. 천장에 조명을 설치하는 일은 그 자체로 익숙하기도 했으며, 넓은 공간에 골고루 빛을 퍼트릴 수 있고, 효율도 좋다. 하부에 놓인 조명에 비해 그림자를 상대적으로 줄일 수 있는 위치이기도 하다. 어찌 보면 필연적이고 어찌 보면 당연한 이런 이유 때문에 우리의 조명 대부분은 천장에 달려 있다. 천장의 조명은 효율적이며 익숙하지만, 한편으로는 매우 아쉬운 조명이다. 뻔한 빛만 존재하는 공간을 만들 수밖에 없다는 것이 첫 번째 이유이며, 용도에 따라 쉽게 바꾸거나 옮기지 못한다는 것이 두 번째, 그리고 우리의 생체리듬에 좋지 못한 영향을 미칠 수 있다는 것이 세 번째 이유다.

우선 천장의 조명은 위에서 비추는 조명이지만, 자연과 비슷한 형태의 빛이라고 보기에는 어려움이 있다. 자연의 환경은 천공광 때문에 하늘이 매우 밝지만, 천장에 설치된 조명은 바닥을 가장 밝게 만들고, 천장을 상대적으로 가장 어둡게 만든다. 또한 직사광처럼 또렷한 빛을 만들기보다, 넓은 공간을 효율적으로 비추기 위해 넓게 퍼지는 형태의 빛을 만들게 된다. 이러한 빛으로 바닥만 밝혀서는 아늑한 빛을 만들기도, 공간을 넓고 시원하게 보이도록 만들기도 불가능하다.

빛과 공간

또한 천장의 고정된 조명은 공간의 활용에 따라 빛의 위치나 밝기를 조정하는 것이 거의 불가능하다. 가구의 종류와 위치에 따라 공간에서 빛이 더 필요한 부분과 덜 필요한 부분이 나뉘며, 눈부심을 방지하기 위해 배제되어야 하는 조명의 위치들이 존재하지만 방등과 같은 천장의 조명은 이러한 공간 변화에 맞추기 어렵다. 그에 반해 각도 조절형 조명 또는 스탠드 조명과 같이 변화와 이동이 가능한 조명들은 공간의 사용 용도에 따라 다른 빛 환경을 만들어 낼 수 있다.

스탠드 조명은 그런 의미로 다양하게 사용할 수 있는 좋은 형태의 조명이다. 플로어 스탠드는 눈높이에서 탁자나 소파, 또는 식탁을 국부적으로 비추는 역할을 할 수도 있으며, 하늘을 바라보고 있는 스탠드는 천장을 비추는 역할을 한다. 얇은 천이나 불투명 유리 등을 사용한 스탠드는 눈이 부시지 않으면서 은은하게 천장과 주변 공간을 밝혀 주는 역할을 한다. 탁자 위 작은 스탠드나, 침대 옆 스탠드 역시 필요한 부분에 그때그때 빛을 밝혀 주는 역할을 한다. 특히 침실의 스탠드 조명은 누웠을 때도 눈이 부시지 않게 해 주기 때문에 반드시 필요한 조명이라고 생각한다(물론 이때는 침대에 누운 상태로 조명을 켜고 끌 수 있도록 스위치를 배치하는 것이 매우 중요하다). 또한 손님이 올 경우 침실의 조명을 거실로 옮겨 좀 더 여러 공간을 두루 비출 수도 있고, 조명의 높이를 그때그때 바꿔 용도에 따라 집 안의 분위기를 바꿀 수도 있다. 내 집이 아니라 천장 공사가 어렵고 이사를 염두해야 하는 상황이라면 이러한 조명 운용은 선택이 아닌 필수일지도 모른다.

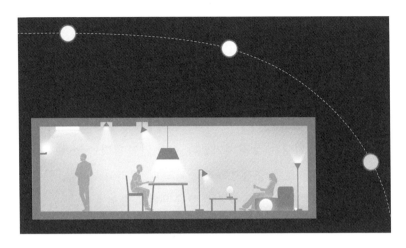

시간에 따라 높이와 색온도가 낮아지는 조명은 밝고 높게 떠 있다가 붉은빛을 내며 낮은 고도에
머물다 지표면 아래로 사라지는 태양의 모습을 닮았다.

조명의 높이는 우리의 일주기 리듬에도 관여한다. 스탠포드 의과대학
의 교수이자 뇌과학자 앤드루 휴버먼Andrew Huberman은 저녁 시간 밝
은 빛, 특히 백색 또는 푸른색 빛에 노출되면 도파민 분비가 억제되어
우울감이 증가하고 하루의 신체 리듬에 부정적인 영향을 미치게 됨을
경고하며, 여기에 빛의 위치에 대한 이야기를 덧붙였다. 우리의 눈 속
시세포들은 대부분 망막의 아래쪽에 분포되어 있어, 수정체를 통해
거꾸로 맺힌 상의 아랫면, 즉 눈높이 위쪽에 있는 빛에 더 민감하게 반
응하도록 되어 있다. 이는 태양의 빛에 반응해 신체 리듬을 맞춰 오며
진화한 결과라고도 볼 수 있다. 때문에 저녁 시간 눈의 세포들이 과도
하게 자극되는 것을 피하고 싶다면 낮은 곳의 빛을 사용할 것을 조언
한다.* 그리고 이런 조명 배치는 낮은 고도에 머물다 결국 시야 아래
로 사라지는 태양의 모습을 닮았다.

빛과 공간

'조명은 천장'이라는 고정관념에서 벗어난다면 우리가 머무르는 공간의 빛 환경은 훨씬 풍성하고 아름다울 수 있다. 나는 낮 시간 실내 공간에서도 따뜻한 빛으로 천장을 비추는 스탠드 조명을 사용하는 걸 좋아한다. 이는 넓은 천장 면을 공간에서 가장 밝게 만드는 방식의 조명이다. 하얀 천장 면이 밝게 빛난다는 건, 넓은 천장 면 자체가 하나의 큰 조명이 된다는 것을 의미한다. 천장 면이 밝다는 것은 천장의 조명과는 다른 새로운 공간감을 만들어 낸다. 그리고 천장을 통해 반사된 빛이 바닥뿐 아니라 공간 전체를 은은하게 밝혀 준다.

조명의 높이를 다양하게 하면 얻을 수 있는 또 다른 장점은 테이블, 조리대같이 높은 조도가 필요한 부분을 보다 효과적으로 밝힐 수 있다는 점이다. 조도는 광원과의 거리의 제곱만큼 높아지고 낮아진다. 싱크대와 조명 간의 거리를 2분의 1로 줄인다면 조도는 4배 밝아진다. 주방 상부장 하단에 조명을 두어 거리를 3분의 1 정도로 줄인다면 같은 광량의 조명으로 9배 밝은 작업 면을 만들 수 있다. 보다 효율적인 빛의 사용이 가능해지는 것이다. 또한 내 몸이 만들어 내는 그림자가 작업 면을 가릴 것을 염려하지 않도록 배치할 수 있다. 또한 무릎 이하의 아주 낮은 곳의 조명은 특별한 분위기를 만들어 낸다. 침대 밑, 소파 밑, 부엌의 조리대 하부에서 나오는 빛은 똑같은 가구와 공간이라도 전혀 다른 느낌을 만들어 낼 수 있다. 이는 모두가 잠든 새벽에 돌아다닐 때도 눈이 부시지 않는 그 자체로 훌륭한 조명이 되기도 한다.

이는 상품을 전시하는 상업 공간에도 적용이 가능하다. 천장의 빛으

진열대의 높이에 따라 조명의 높이를 맞추는 것은 상품을 강조하는 좋은 방법이다.

로 전시된 제품을 비추는 것만으로는 제품을 돋보이게 만들기 어렵다. 진열대 높이에 맞게 조명의 높이를 조절하거나 진열대 내부에 조명을 설치해 광원과 대상의 거리를 줄이면 비추는 대상의 질감과 양감을 살리고 주목도를 높일 수 있다. 또한 가까운 거리에 있는 조명은 조명 효율과 조도를 높여 공간에 밝은 자연광이 비치는 상황에도 빛에 제품이 소외되는 현상을 최소화할 수 있다.

이렇게 다양한 높이의 조명 방식은 필요한 곳에 필요한 만큼의 빛을 비추고, 다른 공간은 은은한 빛을 유지하도록 만든다. 이런 빛은 낮을 흉내 내지 않고 저녁 시간을 저녁 시간답게 만든다. 그리고 따뜻하고 은은한 빛의 공간으로 만듦과 동시에 일상의 활동을 하는 데

지장이 없도록 부분적인 빛을 충분히 확보하는 역할을 한다. 우리는 공간에서 빛의 높이를 다양하게 조절할 필요가 있다. '조명은 천장에 있어야 한다'라는 누구나 당연하게 생각하고 있는 요소 하나만 바꿔도 우리가 생활하는 곳의 빛은 더 풍성하고 아름답게 바뀔 수 있다. 한 번쯤은 천장의 조명을 끄고 새로운 높이에서 비추는 빛이 만들어 내는 특별한 공간을 누리면 어떨까?

빛 에 도
형 태 가 있 다

산업디자인과를 다니던 대학 시절, 학생들의 모임에서 펜던트 조명을 디자인하기로 한 프로젝트가 있었다. 학생들은 저마다 멋지고 다양한 펜던트 조명 사례를 조사했다. 멋진 비례감, 유연한 곡선, 기가 막힌 색과 재질까지…… 조명 기구 형태의 세계는 참 다양했다. 학생들은 저마다 갈고 닦은 멋진 스케치 실력을 뽐내며 다양한 형태의 조명 기구를 디자인했다.

우리는 그렇게 스케치된 다양한 조형의 조명들을 한쪽 벽에 붙여 놓고 서로의 디자인을 봐 주곤 했다. 사용되는 공간에 더 필요한 형태는 어떤 것일까를 함께 고민했고, 그중 조금 더 경험이 많은 선배는 재료에 적합한 가공, 제조 방식에 따른 보다 나은 디자인을 제안해 주었다. 당시 학생이었던 우리의 열정은 대단했으나, 당시의 우리는 필요했던 것의 반만 디자인했고, 다른 반은 완전히 놓쳐 버리고 있었음을 시간이 지나서야 깨달았다.

조명 설계 회사 사무실의 한쪽에는 벽면을 가득 채울 만큼의 많은 책이 꽂혀 있었다. 그중 가장 많이 꺼내 본 것은 각 조명 회사의 카탈로그였는데, 내용 중에 처음에는 이해가 잘 가지 않는 부분이 있었다. 분명 사진으로 봐서는 똑같은 형태의 조명이 여러 페이지에 각기 다른 제품 번호로 표기되어 있었기 때문이다. 처음에는 앞뒤 페이지를 번갈아 가며 넘겨 보면서 마치 틀린 그림 찾기라도 하듯 이미지를

빛과 공간

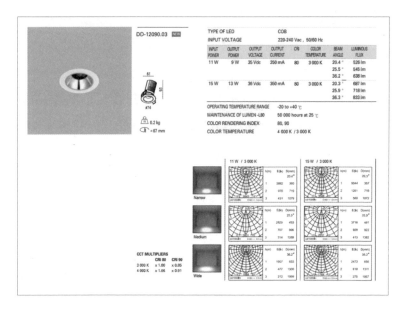

다양한 배광을 가진 조명 기구. 각도 조절까지 고려하면 한 가지 조명으로 수많은 형태의 빛을 만들 수 있다.

꼼꼼히 살펴보았다. 하지만 정확하게 같은 형태의 제품이었다.

오래지 않아 알게 된 사실은 각 조명이 만들어 내는 빛의 형태와 각도, 안에 넣을 수 있는 램프의 종류에 따라 각기 다른 제품으로 표기 및 관리한다는 것이었다. 조명 기구에서 형태만큼이나, 아니 어쩌면 그보다 더 중요한 것은 조명이 가진 빛의 형태와 광량이다. 조명은 같은 외형을 가지고 있더라도 어떤 빛을 내느냐에 따라 완전히 다른 제품이 된다.

빛에도 형태가 있다. 사실 정확히 말하면 빛이란 존재 자체는 형태가 없다. 하지만 각 조명 기구는 그 목적에 따라 각기 다른 형태로 빛이 퍼지도록 설계된다. 광원으로부터 나온 빛이 공간에서 어떠한 분포로 퍼지는가를 전문 용어로 배광(Light distribution)이라 한다. 그리고 이 배광 정보를 2차원 혹은 3차원의 선으로 표현한 것을 배광곡선이라고 한다.

모든 광원 또는 조명 기구는 각자의 배광을 가지고 있다. 배광은 빛이 퍼지는 각도가 넓고 좁은 정도를 나타내는 조사각뿐 아니라 빛이 사방으로 퍼지는지, 위아래로 퍼지는지, 퍼지는 빛의 비율과 형태는 어떠한지 등 조명 기구가 가진 근본적인 역할, 즉 어떤 빛을 만들어 내느냐에 대한 정보를 알려 준다. 조명 설계에서는 구체적인 수치로 3D 데이터화된 배광 데이터를 다루며, 이를 통해 가상의 공간에 조명 시뮬레이션과 조도 계산 등이 가능하도록 한다.

동그랗고 넓게 퍼지는 형태의 배광곡선이 있는가 하면, 세로로 뾰족한 형태의 타원을 가진 배광곡선도 있다. 넓은 형태는 빛 자체가 넓게 퍼지는 형태라는 것을 의미하며, 뾰족한 형태는 흔히 말하는 스포트라이트처럼 좁은 각도로 강한 빛이 나가는 것을 의미한다. 어떠한 조명은 방향이 아래를 향하고 있으나 배광의 각도가 틀어져 빛이 비스듬히 나가는 조명도 있다. 마치 '8'자처럼 상하부 동시에 빛이 나가는 조명도 있으며 좌우로만 퍼지는 조명, 혹은 각각의 요소가 혼합되면서 방향별로 나가는 빛의 양 비율이 각기 다른 조명들도 존재한다.

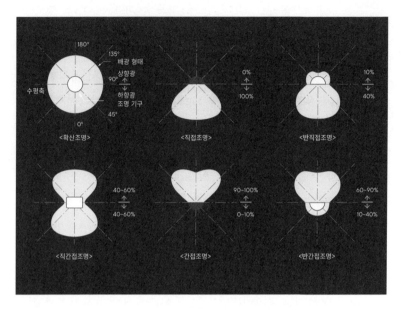

다양한 조명 기구의 배광

하지만 이러한 빛의 형태에 대한 개념은 조명 설계 전문가나 조명 기구 디자이너에게만 필요한 것은 아니다. 예를 들면 우리는 식탁 위의 펜던트를 고를 때 쉽게 조명 기구의 형태만 따지기 쉽지만, 그 조명이 어떠한 형태의 빛을 가지고 있는지, 어느 방향으로 어느 정도의 광량을 보내고 있는지 고려할 수 있어야 한다. 그렇지 않으면 우리는 비싼 가격의 펜던트 조명을 설치하고도 어두운 공간에서 어두운 음식들을 마주하게 될지 모른다.

모든 조명은 각자의 배광을 가지고 있다. 식탁 위의 펜던트 조명, 거실 한편의 플로어 스탠드 조명, 침실 옆 작은 스탠드 조명에 이르기까지 말이다. 공간을 밝힐 좋은 조명이 필요하다면 우리가 고려해야 할 것은 조명의 외형이 아닌 빛의 형태다. 공간의 전체적인 부분을 비출 것인지, 특정한 부분을 비출 것인지, 은은한 빛이 필요한지, 포인트가 되는 빛이 필요한지가 우선 고려되어야 한다. 그리고 그러한 빛을 천장 조명, 스탠드 조명, 펜던트 조명 등 어느 높이의 조명이 적합한지 고민하고 난 후 최종적으로 조명의 외적인 형태를 고려해야 한다. 이와 같이 빛의 형태를 바탕으로 '어떻게 비출 것인가'를 고민하는 것이 공간의 좋은 조명을 찾는 첫걸음이다. 같은 형태의 조명이라도 빛을 차단하는 금속으로 만들어진 조명과 빛을 투과시키는 유리 혹은 아크릴 계열의 재료로 만들어진 조명은 다른 빛의 형태를 지닌다. 이러한 과정을 거치다 보면 너무 마음에 드는 형태라 할지라도 원하는 빛을 만들기 어렵다는 것을 깨닫거나 형태는 무난하지만 빛만큼은 나에게 꼭 맞는 조명이라는 생각도 들게 될 것이다.

대학 시절 내 조명 디자인에서 고려된 조명 기구의 재료와 형태는 모두 빛을 어떻게 다룰 것인가로부터 시작됐어야 했다. 그것은 조명을 고르는 우리 모두에게도 필요한 것이었지만 조명 기구를 디자인하겠다던 대학생 시절의 나에게는 더더욱 필요한 개념이었다. 보기에 멋진 조명 기구는 자연광이 드는 낮 시간 멋진 조형 오브제로서의 역할은 잘할 수 있을지 몰라도, 좋은 빛을 만들기는 부족한 제품일 수 있다는 것을 그때는 알지 못했다. 심지어 단순한 원기둥 하나의 형태라도 수많은 빛의 형태를 만드는 것이 가능하다. 원기둥 각 면을 어떤 재질로 만드느냐와 반사판을 어떻게 설치하느냐에 따라 조명의 상하부 및 측면으로 퍼져 나가는 빛을 각각 다르게 만들 수 있다.

다양한 재료와 형태의 조명 기구를 통해 만들어진 다양한 빛 역시 우리가 눈여겨봐야 할 부분이다.

여기에 조명 기구의 내측, 외측의 색과 표면의 패턴, 광택에 따라 빛은 또 다른 형태를 갖게 된다. 또한 같은 조명 기구라도 어떤 램프를 사용하느냐에 따라 빛의 형태와 색이 달라질 수 있으니, 그것만 해도 조명 기구 디자인의 세계는 무궁무진하다.

공간에서는 그러한 다양한 형태의 빛들이 함께 존재한다. 식탁 위를 밝히는 빛, 벽을 밝히는 빛, 책상 위를 밝히는 빛, 공간 전체를 밝히는 빛 등. 조명 기구가 가진 겉모습을 넘어 그 각기 다른 조명 기구가 만들어 내는 빛의 형태에 관심을 가질 필요가 있다. 더불어 나에게 필요한 빛의 형태는 어떤 것인지 고민하면서 공간에 빛을 채워 나갈 때, 우리의 공간은 더 좋은 빛으로 풍성해질 것이다.

숨 겨 진
빛 의   매 력

어린 시절 나에게는 절대 불을 켜면 안 되는 공간이 있었다. 어두워 장난감이 잘 보이지 않는다고 내 머리 위의 조명을 켰다가는 바로 아버지의 호통이 날아오는 공간이었다. 그곳은 바로 움직이는 자동차 안이었다. 오랜 이동에 심심해져 혼자 뒷좌석에서 장난감을 가지고 놀거나, 책을 읽고 싶어도 조명을 켤 수 없었다. 자동차 내부 천장 한가운데 조명이 있었으나, 그것은 차에 타고 내릴 때 또는 지도를 보거나 가방 속 물건을 찾는 등 필요할 때만 잠깐 켜는 용도일 뿐이었다. 자동차는 이동을 위해 운전하거나 앉아 있는 공간이다. 자동차 내부의 조명은 유리창에 반사되어 운전자의 시선을 방해할 수 있는 존재였기에 자동차의 실내는 늘 조명 하나 켜지 않은 깜깜한 공간이어야만 했다.

그러던 중 프리미엄 자동차 브랜드를 시작으로 자동차라는 공간 안에 새로운 조명이 적용되기 시작했다. 주행 중에 늘 켜 두는 목적으로써의 조명이 생겨나기 시작한 것이다. '앰비언트 라이트ambient light'라는 이름으로 우리에게 더 잘 알려진 이 조명은 주변광, 간접광을 의미한다. 이것은 단순히 무언가를 밝히거나 잘 보일 수 있게 하려고 존재하는 조명이 아니었다. 광원이 보이지 않도록 숨겨져 그저 '공간' 자체를 은은하게 밝히는 것이 목적이었다.

이 실내등은 처음에는 고급 자동차들에서나 볼 수 있는 사치스러운

빛과 공간

늘 깜깜해야 한다고 생각했던 자동차 공간에 변화가 시작되었다.

조명이었다. 굳이 아무 역할도 하지 못하는 등을 실내에 넣는 것을 두고 어떤 사람들은 그저 좀 더 비싸게 차를 판매하기 위한 눈요기 용 조명 정도로 여겼던 것도 사실이다.

하지만 사람들은 점차 이 조명의 매력에 빠져들었다. 어두운 밤 차를 탔을 때 이 조명을 통해 느껴지는 공간감과 아늑함은 자동차를 '운전을 위한 공간'에서 '머물기 좋은 공간'으로 바꿔 놓았다. 이전까지 멋진 내부 디자인과 고급스러운 소재는 낮에만 느낄 수 있는 것이었지만, 이 조명은 밤에 오히려 더 멋진 실내 공간 분위기를 만들어 냈다. 게다가 눈부심이 잘 통제된 간접광은 대비를 줄여 줘 대시보드와 계기판을 바라볼 때 시각적 편안함을 준다는 연구 결과도 발표되었다.*

공간을 은은하게 비추는 용도로 만든 앰비언트 라이트는 컬러 LED를 통해 다양한 색을 낼 수 있게 되면서 환경이나 기온에 따라 색을 바꾸거나 원하는 색으로 나만의 공간을 만드는 것도 가능해졌다. 이로 인한 자동차 실내의 분위기 변화는 판매에 큰 영향을 미쳤으며, 자동차 튜닝 시장에는 앰비언트 라이트를 설치하는 서비스가 눈에 띄게 증가했다. 시장에는 경험해 보기 전에는 몰라도, 한 번 간접광이 주는 분위기를 알게 되면 이후에는 그 조명이 없는 차를 쉽게 타지 못한다는 이야기마저 돌았다.

자동차 실내의 숨겨진 간접 조명을 사치스러운 부가적 요소로 봤던 다른 브랜드들도 하나둘씩 실내에 간접 조명을 적용하기 시작했다. 벤츠의 고급 승용차에만 적용되던 이 옵션은 이후 수많은 브랜드에서 다양한 차종에 적용하기 시작했다. 빛이 만드는 공간감과 분위기는 이제 자동차에서 선택 사항이 아니라 점점 필수로 자리 잡고 있다.

자율 주행 시대를 바라보고 있는 이 시기, 사람이 지금보다 운전이라는 행위로부터 자유로워진다면 자동차의 실내 공간은 지금보다 더 '운전'이 아닌, 이동을 위해 '머무르는' 공간으로 바뀔 가능성이 크다. 그 경우에 자동차의 실내 인테리어와 구조 그리고 조명은 또한 번 새로운 변화를 맞이하게 될 것이다. 자동차는 빠르게 시대를 반영하는 특성상 원래부터 머무는 공간이었던 집이라는 공간보다 숨겨진 빛을 통해 더 빠르게 편안하고 아늑한 조명이라는 환경을 앞서 맞이하게 될 것으로 보인다.

일반적인 가로등이 아닌, 벤치와 난간 하부 같은 곳에 빛을 숨겨 부드러운 시 환경을 만든 뉴욕
하이라인 야간 조명

자동차뿐만 아니다. 키보드, 컴퓨터 등의 각종 전자 기기에도 숨겨
진 조명이 활발하게 쓰인다. 이는 어둠 속에서 자판을 잘 보이게 하
는 용도로 시작되었지만, 어느덧 새어 나오는 빛을 통해 분위기를
만드는 조명의 요소로 확대돼 사용되고 있다. 자동차나 각종 전자
기기뿐 아니라 다양한 상업 공간들과 심지어 공공 시설물에도 벤치
하부에 빛을 숨기면서 차분하고 아름다운 빛을 만들어 내고 있다.

우리가 사는 공간은 어떠한가. 자동차도 간접광을 통한 공간감과 분
위기를 추구하는 시대에 아직도 무언가를 밝게 비추기 위해서만 조
명을 사용하고 있지는 않은가. 안타깝게도 '모름지기 빛은 밝아야

지!'라는 생각으로 너도나도 빛을 바깥으로 드러내기 바쁘다. 방등과 팬던트, 주방 조명부터 다운라이트까지 모두 빛을 내는 부분을 드러내 어떻게든 밝게 만들기 위해 노력한다.

일반적인 빛의 역할은 어두운 공간과 작업 면을 밝혀 주는 것이다. 하지만 그것은 단순히 기능적인 역할에서의 빛만 생각했을 때의 이야기이다. 한편으로는 그것이 전부인 것 같을 수 있다. 램프 그대로가 가장 밝고, 그것이 숨겨지거나 가려질수록 빛은 줄어들 거라고 생각하게 된다. 빛을 숨겨 둔다는 것은 왠지 전력을 낭비하는 일같이 느껴지기도 한다.

아직까지 간접 조명이 형식적인 부분에 그치고 좋은 디테일이 구현되지 않아 공간감을 주거나 분위기를 만들지 못하고 아쉽게도 그저 '장식용 조명' 정도로 머물러 있는 경우가 많다. 우물천장 조명 같은 주거의 유일한 간접등이 그만큼의 좋은 공간감을 만들어 내지 못하고 있어 간접 조명은 낭비라고 느껴지는 것도 이해는 되지만, 21세기를 사는 우리에겐 아쉬운 이야기일 수밖에 없다.

조명은 우리가 머무는 곳의 공간감과 분위기를 만들어 시각적 편안함과 심리적 안정감을 만들어 준다. 우리가 생각하는 것 이상으로 숨겨진 빛은 아름답다. 광원이 드러나지 않는 숨겨진 간접 조명은 그것이 없을 때와는 전혀 다른 공간감과 분위기를 만들어 낸다. 마치 자동차 천장 보조등과 엠비언트 라이트가 만들어 내는 분위기가 전혀 다른 것처럼 말이다.

　　　　　　　　　　　　　　　　　　　　　빛과 공간

집안 곳곳에 빛을
숨겨 두는 재미를 느껴 보자.

나는 집 안 구석구석에 빛을 숨기기 위해 열심히 노력한다. 소파와 벽면 사이, 침대 밑, 커튼 박스, TV 뒷면, 책장의 책 사이나 겹쳐져 있는 유리잔들 사이 어디라도 좋다. 얇고 긴 라인 조명이나, 충전해서 사용하는 작은 휴대용 램프 같은 것도 도움이 된다.

스탠드를 사용할 때도 소파나 탁자를 직접 비출 수도 있지만, 벽이나 천장을 향해 빛을 쏘는 것도 방법이다. 책을 읽거나 작업을 하는 것이 아니라 소파에 앉아 이야기를 나누거나 TV를 본다면 그 정도의 간접 조명만으로도 충분하며, 오히려 벽과 천장에 반사된 빛이 이야기 나누는 상대의 얼굴을 더 편안하고 따뜻하게 보이도록 만들어 준다.

우리의 눈은 밝기에 따라 상대적으로 빛의 양을 조절한다. 노출되지 않은 광원은 눈을 피로하지 않게 해 주며, 집 안 곳곳 숨겨진 빛들이 그 자체로 조명 역할을 해 공간을 더욱 아늑하게 만들어 준다. 이전까지 어두운 곳을 밝히기 위해서만 빛을 사용해 왔다지만 이제는 빛을 숨기는 간접 조명의 매력을 느껴 볼 필요가 있다. 한번 익숙해지면 헤어나오기 힘든 자동차 간접등의 매력처럼 어느덧 퇴근하고 집에 들어와 천장등이 아닌, 숨겨진 조명부터 켜는 자신을 발견하게 될지도 모른다.

빛과 공간

빛을 다듬는
장인의 망치질

많은 사람에게 사랑받은 조명 기구가 있다. 나란히 걸려 있는 세 가지 다른 형태의 검은색 펜던트 조명은 이제는 누구나 한번쯤은 본 적 있을 법한 유명한 조명이 되었다. 이 조명은 영국의 디자이너 톰 딕슨Tom Dixon의 작품으로, 부드러운 곡면의 검은 무광 형태와 대조적으로 화려한 황금빛의 펜던트 안쪽 면이 특히 인상적이다. 이 조명의 또 한 가지 독특한 점이 있는데, 그 금빛 내부에 아주 작은 망치 자국들이 무수히 나 있다는 점이다. 전등 갓의 외측 면은 매끈하게 유지하면서, 내측에 패턴을 만드는 것은 매우 번거로운 작업을 수반한다. 그럼에도 불구하고 왜 디자이너는 조명 안쪽에 무수히 많은 망치 자국을 만들었을까?

누군가는 조명의 독특한 디자인을 위해서라고 생각할지 모른다. 하지만 단순히 형태적인 용도라고 하기에는 의구심이 든다. 조금만 눈을 돌려 보면 조명에서 비슷한 형태를 찾는 것은 어렵지 않기 때문이다. 이러한 패턴이 가장 많이 사용되는 곳은 조명 기구의 반사판이다. 조명 기구의 반사판에는 이처럼 반복적이고 작은 형태의 패턴들이 자주 사용된다. 반사판은 램프에서 나오는 빛을 모으거나 퍼트리고, 원하는 방향으로 보내는 역할을 한다. 하지만 단순히 빛을 모아 어느 방향으로 보내기 위한 것이라면, 반사판 표면이 굳이 오돌토돌해야 할 이유가 없어 보인다. 오히려 거울처럼 반짝이고 매끈한 표면의 반사 효율이 더 높기 때문이다. 그런데 왜 대부분의 반사판은

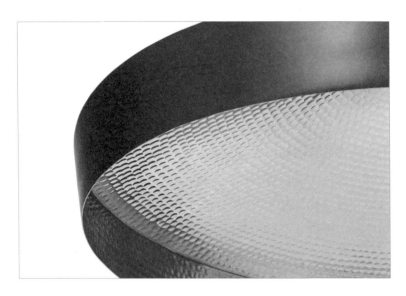

우리에게 익숙한 톰 딕슨의 조명 '비트BEAT'

LED 다운라이트의 반사판

빛과 공간

이렇게 작은 패턴들을 갖게 된 것일까?

우리는 햇살 좋은 날, 창문으로 들어온 햇볕이 책상 위 물건에 반사되어 천장에 어른거리는 모습을 본 기억이 있다. 우리 눈에는 평평하게 보이는 표면일지라도 반사된 빛에는 일렁임이 존재했다. 빛은 직진한다. 그리고 물체의 표면에 닿으면 입사한 각도만큼 반대 방향으로 반사하는 성질을 갖고 있다. 이때 빛의 반사는 조금의 오차도 허용하지 않아서, 표면의 아주 작은 굴곡이라 할지라도 모두 반영해 반사한다. 우리가 유리나 자동차의 표면 흠집을 확인하기 위해 표면 가까이에 눈을 대고 반사되는 빛을 확인하는 것도 비슷한 이유다. 작은 굴곡에도 빛의 변화가 크게 나타나는 이러한 현상이 조명 기구의 반사판에 나타난다면 그것은 '빛의 얼룩'이라는 하자 요인이 되어 나타난다. 그리고 이 얼룩은 때론 불쾌한 눈부심의 원인이 되기도 한다. 비추고자 하는 표면에 고른 빛을 보내지 못하고, 불규칙한 패턴의 빛을 만들기 때문이다.

하지만 빛을 깨끗하고 고르게 보낼 만큼 반사판의 표면을 정밀하고 매끄럽게 만드는 것은 결코 쉬운 일이 아니다. 표면에 겨우 1밀리미터 미만의 조그마한 휨이나 흠집이 있어도 수십 센티미터의 얼룩으로 나타날 수 있기 때문이다. 반사판의 표면에 무수하게 많은 굴곡은 이러한 문제를 해결하기 위해 만들어졌다. 의도적으로 일정한 빛이 퍼지는 현상을 만들어 냄으로써 작은 홈에 의한 빛의 얼룩이 나타나지 않도록 하는 것이다. 이러한 작은 굴곡은 결과적으로 조명 기구가 만들어 내는 빛의 품질을 높이고, 제품의 균일성을 가져다주었다.

빛은 반사판의 조그마한 홈에도 '빛의 얼룩'이 크게 반영되어 나타난다.

무광의 표면이 만드는 부드러운 재질감도 눈에 보이지 않는 무수한 굴곡이 표면에 반사된 빛을 사방으로 퍼트리는 원리로 만들어진다. 때문에 이러한 무광의 표면은 빛의 형태를 거의 그대로 반사시키는 반짝이는 표면에 비해 부드러운 빛의 반사를 보여 주고, 표면의 홈이 눈에 덜 띄는 효과가 있다. 조금 더 큰 스케일로 본다면 건축물의 외장에서도 이와 같은 효과를 볼 수 있다. 평평한 유리로 만들어진 건물보다는 광택이 적은 석재 패널로 마감된 건물이 시공의 오차가 눈에 띄는 것을 최소화할 뿐 아니라, 빛을 난반사시켜 햇빛에 의한 눈부심을 줄여 준다. 석재 패널보다는 벽돌로 된 건물에서 이러한 효과를 더 많이 느낄 수 있으며, 화려한 조각상들로 채워진 중동이나 유럽의 옛 건물 벽면은 빛을 쪼개는 건축 표면의 예로 볼 수 있다.

빛과 공간

광원이 그대로 보이는 조명 하부보다 굴곡진 패턴을 거쳐 나오는 상부의 빛이 더 부드럽다.

이렇게 작은 굴곡을 통해 빛을 부드럽게 만드는 것은 반사하는 소재에만 적용되는 건 아니다. 유리같이 투명한 소재 역시 표면의 굴곡을 통해 나오는 빛을 부드럽게 만든다. 올록볼록한 면을 가진 유리 조명 갓이 대표적인 예다. 특히 투명한 유리로 만든 백열전구의 경우 필라멘트가 그대로 노출되어 강한 눈부심을 유발했기에, 이와 같은 방식의 조명 기구가 많이 사용되었다. 필라멘트의 빛은 이러한 재료를 통과하게 되면 조명 기구를 통해 나오는 빛의 면적이 넓어지며, 방향도 더 분산된다. 이를 통해 시각적으로 보다 부드럽고 편안한 빛이 만들어진다.

광원이 백열전구에서 LED 전구로 교체되면서, 빛을 산란시키는 과정 역시 변화하고 있다. LED 램프로 만든 전구는 반도체의 특성상 백열전구처럼 램프의 중앙에서 사방으로 빛이 퍼져 나가기 어려운 구조를 가지고 있다. 또한 램프를 싸고 있는 확산판의 표면이 고르지 못할 경우 빛의 얼룩이 발생할 수 있다. 조명 기구의 반사판이나 갓이 난반사를 유도해 부드러운 빛을 만들었다면, 확산판에 무수한 패턴의 굴곡을 입힘으로써 빛의 확산을 부드럽게 만드는 사례도 있다. 표면의 이 작은 굴곡은 빛의 얼룩을 줄이고 부드러운 빛을 만들 뿐 아니라, 한쪽으로 빛이 쏠리는 LED 전구의 특징을 보완하고 다양한 방향으로 빛이 퍼지는 것을 돕는다.

톰 딕슨 조명 기구의 작은 패턴은 결국 난반사를 통해 더 부드러운 빛을 만들기 위한 것이다. 이러한 관점에서 봤을 때 어쩌면 망치로 하나하나 두드리며 조명 갓 안쪽의 돌기를 만들어 내는 장인의 손길은, 그 자체로 한 땀 한 땀 빛을 세공하고 있던 것이라고 봐도 무방하다. 아주 작은 차이지만, 그 작은 차이를 통해 우리 눈에 더 편안한 빛과 환경이 만들어진다. 이러한 작은 노력들이 모여 우리가 사는 빛 환경을 더 부드럽고 편안하게 변화시키고 있는 것이다.

빛과 공간

좋 아 하 는
모 든 것 은
조 명 이 된 다

지금 내가 있는 공간에서 조명이라고 할 수 있는 것이 몇 개나 될까. 천장에 설치돼 있는 조명이 있을 것이고, 플로어 스탠드나 테이블 스탠드 조명이 있을 수도 있겠다. 지금까지 말했듯 '창'도 매우 중요한 조명이 된다. 낮에는 풍부한 태양광이 들어올 것이고, 밤이라면 집 주변에 있는 가로등, 간판 등의 불빛이 조금씩 들어올 것이다. 우리는 태양으로부터 혹은 전기를 통한 램프로부터 직접 발광하여 나오는 빛을 모두 모아 조명으로 분류했다. 그럼 내가 있는 곳의 조명은 그게 전부라고 볼 수 있을까?

이제 막 이등병 계급장을 달고 열심히 자대 생활에 적응하던 시절, 나는 처음으로 야간 훈련에 참여했다. 강원도 깊은 산골 민간인 통제구역 안에 있었던 당시 우리 부대는 군장을 하고 늦은 밤 부대 근처 산에 올랐다. 아직 익숙지 않은 가파른 산세에 이등병의 숨은 턱까지 차올랐다. 겨울이었지만 방탄 헬멧 안쪽에서 땀이 비 오듯 흘러내렸다. 조용한 산속에 저벅저벅 군화 소리와 색색거리는 숨소리만 나무 사이를 오갔다. 너무 힘들어 바닥만 내려다보며 정신력으로 걷다가 문득 이상한 것을 발견했다. 바닥에 선명하게 내 그림자가 보이는 것이었다. 여기는 가로등 하나 없는 민간인 통제선 안 산속이고, 훈련이라 손전등 하나 켠 사람이 없는데 '어떻게 저렇게 선명한 그림자가 있지? 하며 고개를 들어 하늘을 바라보았다. 그날은 가

태양의 빛을 받아
반사시키는 달빛도
밤에는 훌륭한
조명 역할을 한다.

빛과 공간

득 찬 보름달이 뜬 밤이었다. 산꼭대기에 도착한 나는 쉬는 시간 내내 그 달을 한참 동안 바라보았다. 이렇게 달빛이 밝을 거라고는 한 번도 생각해 본 적이 없었다.

인공조명의 발달로 달빛을 온전히 느낄 기회가 별로 없었던 것도 있겠지만, 달은 그저 받은 빛을 반사할 뿐 직접 빛을 내지 않는 존재라고 여겼던 생각도 한몫했을 것이다. 달은 이 땅에서 가장 큰 간접 조명이다. 가장 멋진 직접 조명이 낮에 떠 있는 하늘의 태양이라면, 달은 밤에 떠 있는 간접 조명이다. 인공조명이 없던 시대에 달은 어두운 밤, 이 땅을 비추는 유일한 조명이었을 것이다.

우리가 눈으로 보는 모든 것은 광원에서 직접 나오거나, 물체를 맞고 반사되어 나오는 빛이다. 그 말은 반대로 우리가 볼 수 있는 모든 물체는 빛을 내고 있다는 것을 의미한다. 램프처럼 스스로 발광하고 있지 않더라도 말이다. 빛을 직접 맞아 주변의 밝기보다 강하게 빛을 내는 물체가 있다면 그 물체는 그대로 조명의 역할을 하고 있는 것이다. 마치 하늘의 달처럼 말이다.

간접 조명이라는 것은 단지 벽이나 천장을 비추는 것에 국한되지 않는다. 어두운 밤하늘에 떠 있는 달처럼, 내가 살고 있는 공간의 어떤 것이라도 조명이 될 수 있다. 벽과 천장뿐 아니라 벽에 걸린 그림, 넓은 잎사귀의 화분, TV 옆의 스피커, 찬장에 놓여 있는 그릇, 거실의 소파와 침실 협탁 위에 놓인 화병까지도 모두 간접 조명이 될 수 있다. 직접 조명만이 조명이라고 인식하는 공간은 효율적이지만 노골

벽에 페인트칠한 글씨도,
선반 위에 올려 놓은 소품들도,
빛을 비추면 무엇이든
그 자체로 훌륭한 조명이 된다.

빛과 공간

적이고, 밝지만 재미없는 공간이 된다. 반면 간접 조명의 요소를 충분히 활용하는 공간은 차분하고 여유로우며, 무엇보다 집을 사용하는 사람의 취향과 의도를 가장 잘 보여 주는 매력 있는 공간이 된다.

어떤 것이든 조명으로 만들 수 있지만, 그것이 좋은 빛으로 조명의 역할을 하기 위해서 챙겨야 하는 중요한 요소가 있다. 주변의 광원이 시야에 보이지 않도록 하는 것이다. 만약 광원이 벽과 함께 시야에 노출된다면 눈은 빛을 상대적으로 받아들이기 때문에 벽을 밝다고 인지하지 못하게 된다. 달이 아무리 밝다 하더라도 태양이 뜨는 순간 보이지 않게 되는 원리와 같다. 간접 조명은 주요 시선에서 광원이 노출되지 않는 곳에 설치하거나, 광원을 완벽히 가릴 수 있는 타입의 조명을 사용하는 것이 좋다. 흔히 사용하는 스포트라이트 배광의 조명, 파PAR 램프15 등이 이러한 간접 조명을 만들기에 적합하다.

좋아하는 모든 것은 조명이 될 수 있다. 집 안에 나만의 달을 띄워 보자. 전원이 연결돼야지만, 램프가 장착돼야지만 조명이 되는 것은 아니다. 스스로는 빛을 낼 수 없는 달이 수천 년 동안 인류의 밤을 밝혀 왔듯이, 우리가 좋아하는 모든 것은 집 안의 달이 되어 우리의 공간을 밝힐 수 있다. 저녁 시간, 우리의 공간에 해처럼 밝은 조명보다 달처럼 부드러운 조명을 만들어 보는 경험이 필요하다.

15　광원과 함께 렌즈 또는 반사판이 하나의 몸체를 이뤄 일정한 방향과 각도로 빛을 보낼 수 있게
　　제작된 램프

식 탁 위 에 는
어 떤 조 명 이 필 요 할 까

어렸을 적 좋아하던 외식 공간이 있었다. 당시 유행하던 모 패밀리 레스토랑이었다. 그곳은 그 어떤 공간보다 외식하는 느낌이 강하게 들었던 걸로 기억한다. 메뉴도 이색적이었지만, 무엇보다 식탁 위에 차려진 눈앞의 음식이 TV에서 보던 것과 똑같은 모습이었다.

포크립 위에 뿌려진 짙은 갈색의 소스는 반질반질 윤이 났고, 스파게티 면은 한 가닥 한 가닥 선명한 음영을 가지고 서로 뒤엉켜 있었다. 통통한 새우의 먹음직스러운 붉은빛과 껍질째 구워 나온 감자의 거칠거칠한 표면이 아주 선명히 보였다. 스테이크의 육즙이 지글지글 소리 내며 익어 가는 철판 위에는 연기가 올라왔다.

이제는 그 수가 많이 줄어서 쉽게 볼 수 없지만, 한때는 다양한 브랜드의 패밀리 레스토랑이 있었다. 패밀리 레스토랑 하면 떠오르는 것은 비슷비슷하게 생긴 붉은색의 로고, 어딘지 모르게 시간의 흔적이 느껴지는 나무로 된 인테리어와 소품들, 낮에도 어두운 실내조명, 그리고 사람의 눈높이까지 내려온 펜던트 조명이 있었다.

어두운 실내조명과 식탁 위만 집중해서 비추는 조명은 당시 우리나라의 식당에서는 쉽게 찾아볼 수 없는 타입의 조명 방식이었다. 외국 영화 속 혹은 고급 바에서나 보던 분위기가 온 가족이 함께하는 식당에 구현돼 있었다. 그러한 분위기 속 낮은 높이의 펜던트는 전구

빛과 공간

색의 따뜻한 빛을 모아 테이블 위 위주로 비추었다. 그래서 눈앞의 음식은 대비가 높았고, 붉은색이 더 강조되어 더욱 먹음직스러워 보였다. 사람이 많아도 주변이 어두웠기 때문에 우리가 앉은 식탁에만 집중할 수 있었고, 결과적으로 우리는 음식을 하나하나 살펴보며 맛있게 먹을 수 있었다.

사람은 다른 어떤 것들보다 음식이 주는 시각 정보에 민감하다. 음식을 본다는 것은 단지 시각에 그치지 않고 후각과 미각에 이르기까지 여러 감각의 시작점이 된다. '음식은 눈으로 먼저 먹는다'라는 말이 있을 만큼 음식이 맛있어 보이는 것은 식욕에 매우 중요한 요소다. 또한 인간은 진화 과정에서 본능적으로, 음식의 위험성을 시각으로 판단한다고 한다. 사람은 붉은색 계열의 색에서 식욕을 가장 많이 느끼고, 파란색이나 보라색같이 부패와 관련된 색을 보면 식욕을 잃는 것도 이런 이유 중 하나다.

시각으로 음식을 느끼는 일은 단지 재료나 색에서 끝나지 않는다. 음식에서 피어오르는 열기를 보고 그 온도를 짐작하기도 하고, 표면의 윤기는 음식이 얼마나 촉촉한지 또는 건조한지를 판단하는 기준이 된다. 소스를 담뿍 머금어 빛나는 파스타 면 위에 싱싱한 녹색 바질 잎, 그리고 방금 갈아 낸 후추의 파편, 함께 나온 빵의 바삭한 표면 등 재료의 다양한 상태를 우리는 시각을 통해 인지한다.

그런데 그 시각을 통한 정보는 음식을 비추는 빛의 영향을 받는다. 천장에서 넓게 퍼지는 형광 조명 아래 놓인 음식은 레스토랑의 펜던

우리는 '시각'을 통해 식 재료뿐 아니라 표면 질감, 색채, 온도, 윤기 등을 인식한다.

트 속 백열전구 아래 놓인 음식과는 전혀 다른 모습을 보여 준다. 푸른 기운이 도는 조명은 음식을 맛있어 보이게 하는 붉은 기운의 색들을 제대로 표현해 주지 못하며, 대비가 적고 밋밋한 빛의 형태로 인해 음식에 선명한 음영이 나타나지 않는다.

다른 공간보다 식탁 위 음식에 좀 더 집중되는 조명 환경이 필요하다. 전체적으로 밝은 공간은 음식을 보며 집중할 수 있는 환경보다는 주변에 있는 다양한 것들에 시선이 분산된다. 그래서 모든 공간을 환하게 밝혀 놓은 식당에서 음식은 온전한 주인공이 되기 어렵다.

낮은 색온도, 선명한 대비, 음식에 집중할 수 있는 조명 환경은 같은 식사도 더 맛있게 할 수 있는
환경을 만든다.

음식을 맛있어 보이게 만드는 조명에 관해 연구한 가까운 사례들이 있다. TV 광고나 프로그램 속의 음식 조명이 그렇고, 식 재료 혹은 음식을 다루는 마트나 카페, 식당 들의 쇼윈도가 그렇다. 광고에서는 음식을 맛있어 보이게 하는 다양한 요소를 강조하기 위해 노력한다. 사람들을 사로잡기 위한 카페나 식당의 쇼윈도에는 대부분 음식이나 식 재료 가까운 곳에 전구색 조명을 비춘다. 따뜻한 조명 아래 식 재료들과 쇼윈도 속의 빵과 케이크는 왠지 더 먹음직스러워 보인다.

잘 설계된 마트의 조명에도 나름의 법칙들이 존재한다. 채소 같은 신선 식품은 쌓아져 있는 그 동글동글한 형태가 돋보이도록 집중 조명을 사용한다. 붉은색의 고기를 판매하는 곳은 낮은 색온도의 붉은 조명을 사용하며, 닭고기나 생선, 해산물 등의 식품을 파는 곳에는 높은 색온도(약 4천 켈빈~5천 켈빈)의 조명을 사용한다. 이것은 마치 육류에는 레드 와인을, 해산물에는 화이트 와인을 함께 내놓는 것과 유사하다. 각 재료의 색상을 고려해 더 신선해 보일 수 있도록 하는 조명 색상이다.

또한 밝기를 활용해 식품의 특성을 나타내기도 한다. 신선함, 생동감을 보여 주는 식품은 더 밝고 대비가 강하게 되도록 비춘다. 다양한 공산품들은 집중해 조명하기보다는 고르게 비출 수 있는 조명을 사용하고, 고급 식 재료나 와인 등을 판매하는 곳은 다른 곳보다 공간의 조도를 낮추고 제품에 조명을 비추어 더 집중도 있고 고급스러워 보이는 방식을 택한다. 이처럼 음식을 비추는 조명에도 그 종류와 성격에 따라 다양한 조명 방식과 효과들이 존재한다.

빛과 공간

가까운 곳에서 비춘 집중 조명은 식품을 더 생기 있고 맛있어 보이게 만든다.

조명만 봐도 아래 어떤 식품을 진열해 두었는지 알 수 있다.

식탁은 집에서 중요한 역할을 하는 공간 요소다. 이곳은 함께 모여 음식을 먹는 정확한 목적을 가진 공간이면서, 온 가족이 모이는 자리다. 식탁은 아파트로 대표되는 기본적인 우리나라의 주거 평면에서 거의 집의 정중앙에 위치한다. 거실과 주방의 중간, 방과 방 사이의 통로 근처에 식탁이 놓이는 것이 일반적이다.

집마다 약간의 차이는 있겠으나 대부분은 온 가족이 모여 아침과 저녁에 마주 앉아 식사하는 것이 식탁의 주된 용도다. 식탁 위로 아침마다 햇빛이 비친다면 가장 좋겠지만 우리나라에서는 쉽지 않은 일이다. 그래서 식탁 위를 밝히는 조명이 필요한데, 앞서 말한 것처럼 식탁의 주요 용도에 맞게 음식을 더 맛있어 보이도록 하는 것이 중요하다. 일반적으로는 낮은 색온도와 대비를 선명하게 보여 줄 수 있는 집중 조명이 음식을 더 맛있어 보이게 만든다.

이러한 이유로 식탁 위 펜던트는 음식을 비추기에 좋은 조명 중 하나다. 단지 조형적으로 예뻐 보이기 위해서만 이 조명이 필요한 것은 아니다. 물론 우리나라 주거 공간의 조명들은 대부분 천장에 납작하게 붙어 있거나 아예 매입되어 있기 때문에 식탁 위 펜던트가 거의 유일하게 조형성을 갖춘 조명이 되는 경우가 많다. 그리고 이마저도 최근에는 모두 매입등 혹은 천장등으로 바뀌고 있다.

　　물론 무조건 펜던트 조명을 사용한다고 해서 좋은 빛이 만들어지는 것은 아니다. '빛에도 형태가 있다' 편에서 이야기했던 것처럼 모든 펜던트등은 각자 나름의 빛의 형태를 가지고 있기 때문이다.

식탁 위의 펜던트는 직접 조명 또는 반직접 조명처럼 아래쪽으로 많은 빛을 보내 주는 타입의 배광을 가지고 있는 것이 좋다. 음식에 가장 많은 빛이 갈 수 있도록 하는 것이다. 식탁을 둔 곳의 공간이 어둡다면 옆으로 또는 위로 빛의 일부를 함께 보내 줄 수 있는 조명도 좋다. 따뜻하고 은은하게 옆으로 퍼지는 조명은 함께 식사하는 가족의 얼굴을 아름답게 비춰 주는 빛이기도 하다.

식탁 상판의 색이 밝다면, 식탁 위를 비추는 조명만으로 공간과 주변 사람들의 얼굴을 밝히는 반사판 역할을 할 수도 있다. 또는 식탁의 빛을 더 강조하고 싶다면 갓 형태를 벗어나 원기둥 타입의 스포트라이트 타입의 펜던트를 사용하거나, 두 개 혹은 세 개의 조명이 함께 붙어 있는 타입도 효과가 있다.

만약 지금의 조명을 바꾸기 어렵다면 식사할 때 식탁 위의 조명을 제외한 주방과 거실의 조명을 끄는 것도 하나의 방법이 된다. 음식과 식사에 조금 더 집중할 수 있는 환경이 될 뿐만 아니라, 주변에서 오는 빛으로 인해 음식에 생기는 빛의 대비가 줄어드는 것을 조금이나마 막을 수 있다. 만약 펜던트가 아닌, 매입등 같은 천장 조명을 사용하고 싶다면 식탁 위의 매입등만큼은 조금 더 광량이 높고 집중 조명 타입인 조사각16이 좁은 조명을 사용하는 것이 도움이 된다.

---

16   햇빛, 광선, 방사선 따위를 비추는 각도

상대적으로 주변을 어둡게 하고, 식탁 위를 밝게 하면 음식에 더 집중할 수 있는 빛 환경을 만들 수 있다.

하나의 완벽한 정답은 없다. 하지만 내가 원하는 식탁의 빛을 한번 더 생각해 보고 그에 맞는 조명 기구를 결정하려고 노력한다면 모처럼 비싼 돈을 들여 멋진 등 기구를 샀는데 생각보다 어둡다거나 정성 들여 만든 음식이 제 빛깔을 내지 못해 식욕을 돋우지 못하는 상황은 피할 수 있을 것이다.

온 가족이 모여 함께하는 식사 시간에 맛있어 보이는 음식과 사랑하는 가족의 얼굴이 잘 보일 수 있도록, 식탁의 조명을 고민해 보는 것은 어떨까. 조명의 형태보다 중요한 것은 빛이라는 사실이 새삼 느껴질 것이다.

빛 의 형 태 를
디 자 인 하 다

19세기 후반, 백열전구가 세상에 처음 등장했다. 전기를 다루는 기술이 점차 발달하면서, 많은 과학자가 전기를 통해 빛을 만드는 일에 몰두했다. 그리고 토머스 앨바 에디슨Thomas Alva Edison은 가정에서도 사용할 수 있는 백열전구를 만드는 데 성공한다. 사실 실용화에 가장 성공한 사람이 에디슨이었을 뿐, 이미 19세기 초반부터 영국과 미국, 러시아 등 전 세계에서 백열전구에 대한 특허가 20개 이상 출원됐을 만큼 전기를 이용해 만들어지는 빛이 세상을 밝히기 위한 준비를 하고 있던 시기였다.

그렇게 개발된 전기 시스템과 백열전구는 이전의 오일램프, 가스램프와는 비교할 수 없을 정도로 밝았다. 백열전구는 빠르게 증기선, 지하 등 어두운 공간에서 활용할 수 있는 새로운 대안이 되었다. 하지만 모든 사람이 백열전구라는 새로운 빛을 좋아한 건 아니었다. 눈부심으로 인해 백열전구가 오랫동안 밝히는 환경에 노출된 작업자들의 시력이 나빠지는 현상이 발생했기 때문이다.

더군다나 그전까지의 램프들은 주로 다루기 쉬운 테이블이나 작업대 위, 창가 등 눈과 비슷한 높이에 자리하고 있었다. 이를 걱정한 런던의 안과 의사들은 광원에서 직접 나오는 직사광을 이용하지 못하게 하는 법안을 만들었다. 분명히 이전까지의 빛을 대하는 방식 그대로 백열전구를 사용하기엔 무리가 있었다. 이때부터 많은 사람이 '이 새로운 빛을 어떻게 다룰 것인가'에 대해 고민하기 시작했다.

하지만 이는 간단한 문제가 아니었다. 램프의 광량을 낮추자니 열을 통해 빛을 내는 백열전구의 특성상 전력 효율이 현저하게 떨어지게 된다. 눈이 부시지 않도록 램프를 가리면 빛의 효율이 떨어지며, 정작 필요한 곳을 밝히기에 어려움이 있었다. 그렇게 백열전구는 밝히자니 눈이 부셨고, 덮어씌우자니 효율이 너무 낮은 램프였다.

새로운 광원을 위한 새로운 조명 기구가 필요했다. 수많은 디자이너와 과학자들이 열면 눈이 부시고 막으면 효율이 떨어지는 이 아이러니한 문제를 풀기 위해 다양한 방법을 고안했다. 그중 덴마크 조명 브랜드인 루이스폴센의 조명을 설계한, 건축가 폴 헤닝센Poul Henningsen이 세 개의 갓으로 이 문제를 멋지게 해결했다.

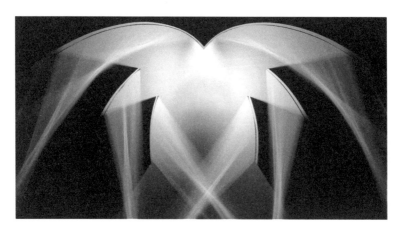

조명 갓에 따라 반사되는 빛의 형태를 보여 주는 PH조명 단면 이미지 (Louispoulsen, 2021)

루이스 칸의 '킴벨 미술관' 천장(위)과 내부. PH조명의 단면은 빛의 건축가라고 불리는 루이스 칸의
킴벨 미술관 단면을 연상시킨다.

빛을 고려한 이 조명은 어느 방향에서 보아도 전구가 보이지 않으면 서도, 빛은 여러 개의 갓에 반사되어 원하는 곳에 밝고 부드럽게 떨어졌다. 심지어 조형적으로도 아름다운 이 조명은 디자이너 폴 헤닝센의 머리글자를 따 PH로 불리며, 루이스폴센의 대표 조명이 되었다. 그리고 이후에 나오는 루이스폴센의 다양한 조명들에 빛을 어떻게 다룰 것인지를 알려 주는 푯대 같은 역할을 하게 되었다.

조명 갓의 각도와 넓이는 빛을 어디로 보낼지 결정한다. 형태에 따라 더 위로 보낼 수도, 옆으로 보낼 수도 또는 아래로 보낼 수도 있다. 갓의 표면색은 각 구간으로 보내지는 빛의 색감에 영향을 준다. 아래로 향하는 빛은 전구색을 유지하되, 옆으로 퍼지는 빛은 푸른색 전등갓에 반사시켜 아래로 향하는 빛보다 푸른색을 더해 주는 식이다. 갓의 재질은 무광으로 빛을 산란시킬지, 거울처럼 그대로 반사시킬지, 유리처럼 일부를 머금어 빛나게 할지 결정하여 각기 다른 빛의 형태를 만들어 낸다.

그러한 특성을 바탕으로 수많은 PH 시리즈가 생겨났다. 어찌 보면 비슷해 보이는 조명이지만, 각기 다른 각도와 형태의 PH 조명은 저마다 다른 빛의 형태를 만들어 낸다. 사실 인공 광원이 풍성한 현대에는 이러한 미세한 차이가 가지고 오는 빛의 변화를 일일이 느끼기 어려운 게 사실이다. 하지만 처음 백열전구가 등장한 시대의 유난히 길고 어두운 북유럽 겨울밤을 조명 한두 개로 밝혔던 사람들의 삶을 생각해 본다면, 아름다운 형태와 빛을 가진 조명 기구 하나가 가진 힘은 작지 않았음을 알 수 있다.

루이스폴센의 PH 시리즈

'빛의 형태를 디자인한다(Design to Shape Light)'라는 루이스폴센의 슬로건처럼, 오랫동안 인정받는 수많은 조명은 단지 조명 기구의 외형이 아닌, 빛을 디자인해 왔다. 특히 '백열전구'라는 광원을 공학적·미적으로 가장 완성도 높고 아름답게 풀어낸 조명 중 하나가 루이스폴센의 PH 시리즈다.

그들의 슬로건은 그 이후에 만들어진 수많은 조명 기구에도 꾸준히 적용되고 있다. 백열전구에서 LED로 광원이 바뀌어 가고, 새로운 형태들이 나오고 있지만 루이스폴센의 조명은 늘 빛을 고려하며 미

'빛의 형태를 디자인한다'는 슬로건이 생각나게 하는 조명 기구

적으로도 아름다운 조명을 계속해서 만들어 내고 있다.

최근 인테리어와 가구에 대한 사람들의 관심이 높아지면서 '좋은 조명'에 대한 관심도 함께 높아졌다. 이전의 조명이 단순히 공간을 밝히는 용도였다면, 이제는 점차 인테리어의 조형적 요소로 조명이 사용되기 시작한 것이다. 혹자는 왜 이렇게 조명이 비싸냐고 말한다. 구성을 보면 대단한 재료나 기술이 사용된 것도 아니라고 말이다. 그렇기에 불법 복제품이 가장 많이 만들어지는 영역이 조명이기도 하다. 하지만 모든 분야가 그렇듯 기능과 재료, 제조 방식 같은 표면적인 영역을 넘어 그 이상의 가치와 이야기를 담고 있으며, 또 사람들이 기꺼이 그 가치에 높은 비용을 지불하는 제품과 브랜드들이 존재한다. 그리고 우리는 그것을 명품이라 부른다.

"좋은 조명은 비싸지만, 좋은 빛은 비싸지 않다"는 내가 자주 하는 말 중 하나다. 비싼 조명을 산다고 해서 무조건 좋은 빛 환경을 얻는 것도 아니며, 좋은 빛을 얻기 위해 무조건 고가의 조명을 사야 하는 것은 더더욱 아니다. 비싸지 않은 비용으로도 좋은 빛 환경은 얼마든지 만들 수 있다. 하지만 누구나 각자가 인정하는 특정한 분야의 명품이 있으며, 그 명품은 그 분야에서 각각의 이야기와 이유로 인정받는다.

수많은 조명이 명품이라 불리는 이유는 단지 아름다운 외형에만 있는 것이 아니다. 좋은 조명의 가치는 외형과 함께 빛의 형태를 디자인하는 그들의 방향에 있다. 지금도 수많은 멋진 조명 브랜드가 조명 기구의 외형에 앞서 빛을 다룬다. 단순한 외형의 아름다움을 넘어, 좋은 조명에 담긴 좋은 빛에 대한 이야기가 더 많은 사람에게 알려지기 바란다.

우 리 에 게
색   조 명 이
필 요 할 까

때는 바야흐로 2000년대 후반, 청계천을 필두로 도시 디자인과 함께 야간 경관 조명에 많은 관심이 쏟아지던 시기였다. 그리고 그 시기는 앞서 언급했던 것처럼 LED 조명의 개발을 국가에서 지원하던 시기와 맞물려 많은 공공 공간의 야외 조명들이 LED로 교체되었다. 기존의 메탈할라이드 램프[17]가 LED로 바뀌면서 꼭 해야 하는 것이 있었다. 바로 '색 연출 – 단색 조명이 아닌 다양한 원색을 사용하는 것'이었다.

LED는 빛의 삼원색(빨강, 초록, 파랑)을 합쳐 다양한 색을 만들 수 있는 광원이다. 그 때문에 다른 램프에 비해 색 연출이 훨씬 쉽다. 당시만 해도 LED 램프는 다른 램프에 비해 가격이 매우 비싼 조명이었기에, 비싼 LED 램프를 사용할 보다 필연적인 이유가 필요했다. 그런 면에서 '색 연출'은 LED만이 만들어 낼 수 있는 강점이었다. 돈을 들여 LED를 선택한 기관과 기업은 돈을 썼다는 티를 확실히 내고 싶었고, 거기에 완벽히 부합된 기능이 색 연출이었다. 그래서 그 당시 제작된 많은 교량과 육교는 밤만 되면 빨강, 초록, 파랑 등 화려한 색을 뿜어내게 되었다.

---

17   고용량의 램프로, LED가 개발되기 전까지 대부분의 경관 조명과 가로등에 사용됐다.

우리에게
색 조명이 필요할까?

다양한 색을 만들어 낼 수 있다는 것은 분명 컬러 LED 조명의 대단한 장점이다. LED는 그러한 특성 덕분에 저전력 고효율의 빛을 만들기도 하지만 신호등, 표지판, 디스플레이에 이르기까지 다양한 곳에 사용되는 조명이기도 하다. 하지만 모든 색을 '낼 수 있다'는 이야기지 반드시 모든 색을 '내야 한다'는 이야기는 아니다.

LED 기술이 발전하고, 단가가 낮아지고, 사물인터넷(IoT)을 적용해 조명 제어가 이전보다 훨씬 간편해지면서 이제 그 색 조명은 우리의 생활 공간 안에서도 조금씩 그 모습을 보이고 있다. 책이나 유튜브 같은 인테리어 조명 콘텐츠에서는 당신의 집을 다양한 색의 빛으로 연출해 보라고 우리를 설득한다. 시간이 지나 모든 조명에 색 연출이 가능해진다면, 사람들은 너도나도 다양한 색으로 바꿔 가며 빛을 사용하게 될까? 과연 우리 삶에는 색 조명이 필요할까?

자연으로 먼저 돌아가 생각해 보면, 빛이 총천연색으로 보이는 것은 그리 자주 일어나는 현상이 아니다. 그나마 가장 가깝게 발견할 수 있는 것은 태양과 공기 중의 수증기와 관측자의 위치가 오묘하게 만나 발견되는 무지개다. 그 일반적이지 않은 오묘한 색과 쉽게 볼 수 없다는 특성 때문에 무지개는 예로부터 '노아의 무지개'같이 특별함을 상징해 왔다. 우리의 일상에서는 쉽게 볼 수 없는 색이기 때문이다.

인류가 직접 만든 색깔 조명은 아마도 스테인드글라스일 것이다. 중세 시대에는 유리 가공 기술이 많이 발달하지 않아서 하나의 큰 유리판을 만들기 어려웠다. 그래서 작은 유리들을 이어 붙여 사용했는

빛과 공간

무지개는 보기 어려운 만큼,
아직도 어른이나 아이 모두에게
설렘을 주는 대상이다.

데, 특히 높은 천장의 교회 건물에 색유리를 조합해 그 자체를 하나의 그림으로 만들었다. 스테인드글라스는 문맹이 많던 당시에 성경의 이야기를 그림으로 표현하는 데 효과적인 도구였다. 이는 '빛'이라는 존재를 그대로 그림의 물감으로 사용한 그 시대 최고의 스크린이었다. 이 색 조명 역시 일상에서는 느끼지 못하는 특별한 빛으로써 사용되었다.

현시대에도 색 조명은 비슷한 역할을 한다. 놀이공원의 다양한 색깔 조명들은 그 빛이 주는 분위기만으로도 환상의 세계에 들어온 것 같은 느낌을 준다. 불꽃놀이의 색도 공간과 이벤트의 특별함을 드러내는 좋은 요소다. 음악과 연극, 뮤지컬 등의 공연장과 각종 전시에도 색 조명이 사용된다. 잘 쓰인 색 조명은 별다른 소품 없이도 공간의 분위기를 완전히 바꾸며 그 효과를 극대화한다. 노래방, 클럽 등의 유흥 공간 역시 마찬가지다. 이렇게 예로부터 지금까지 원색의 조명은 '일상을 벗어난 특별함'의 상징으로 사용된다. 실제 우리의 일상에서 보기 어려운 현상이기 때문이다.

그런데 일상에서 과도한 색을 사용할 경우, 오히려 어색함으로 다가올 수 있다. 여행지의 건물이나 다리의 색 조명은 백번 양보한다 쳐도(사실 그조차도 좋은 빛이라고 보기는 어렵다고 생각한다) 우리 일상의 일부인 동네 육교에도 빨주노초파남보의 색 조명이 사용되는 것은 아무래도 과하다는 생각이 들 수밖에 없다. 화려한 팔레트로 해야 하는 일은 물감 자랑이 아니라 멋진 그림을 만드는 일이다. 이제는 공간과 상황에 필요한 색의 빛을 내는 것에 대한 고민이 필요하다.

빛의 그림인 스테인드글라스는 오늘날의 스크린과 색깔 조명의 역할을 모두 담당했다.

우리 삶에도 화려한 색의 빛이 필요한 때가 있다. 생일이나 파티같이 특별한 날을 위한 빛, 공연에 더욱 빠져들게 만드는 효과를 내는 빛, 현실을 잠깐 벗어나 공간을 색다른 분위기로 만들고 싶을 때가 그렇다. 늘 봐 왔던 공간도 색이 들어간 조명을 사용하게 되면 전혀 다른 공간처럼 느껴진다. 그리고 게임을 하거나 영화를 볼 때 콘텐츠에 좀 더 몰입할 수 있는 환경을 만들어 주기도 한다.

주거 공간에도 빛 색깔의 변화가 필요하다. 하지만 그 주된 기준은 먼저 자연의 빛이어야 한다. 삶은 이벤트로만 이루어져 있지 않기 때문이다. 인류는 아주 오랜 시간 자연의 빛 변화에 적응하며 살아왔다. 자연의 빛을 닮은 조명은 우리의 몸과 마음 그리고 우리의 삶의 중요한 요소이며, LED라는 조명은 그것을 만들어 낼 수 있는 아주 중요한 도구다.

LED 조명이 단순히 색을 연출하기 쉽다는 이유로 총천연색 조명이 우리 삶에 무분별하게 쓰이지 않았으면 한다. 우리에게 먼저 필요한 건 자연을 따라가는 빛이다. '만들 수 있어서'가 아니라 '우리에게 필요해서'라는 이유로 빛이 선택되고 사용되길 바란다. 자연스러운 빛 아래 우리 삶이 더욱 풍요로울 수 있도록.

공연장의 색 조명은 특별한 경험을 만들어 준다. 우리의 주된 일상은 자연의 빛을 닮은 조명을
사용하면서 일상을 벗어나 특별한 분위기의 이벤트가 필요한 때 색 조명을 사용하는 것이 좋다.

4.

빛과 사회

우리 집의 창문이
도시의 등불이 되다

신혼여행을 마치고 귀국하던 중에 항공사의 오버부킹18으로 인해 네덜란드의 암스테르담 공항에서 비행기를 타지 못한 적이 있었다. 다양한 이유로 수차례 비행기를 타 봤지만, 탑승 불가는 처음 겪는 일이었다. 버젓이 돈을 내고 항공권을 구입했고, 한국에 돌아가 해야 할 일이 많았기에 이건 말이 안 된다고 항의했다. 하지만 그런 우리에게 항공사의 담당자는 자리가 없다며, 내일 비행기를 타고 돌아가라는 말만 되풀이했다. 나는 너무 화가 났고 아내는 속상함에 울먹였다. 귀국을 위한 당일의 다른 비행기도 없었으며, 이미 늦은 시간이라 공항에는 사람도 얼마 남아 있지 않았다. 그렇게 짐까지 공항에 묶인 채 우린 택시를 타고 항공사에서 제공해 주는 암스테르담 외곽의 호텔로 이동하게 되었다. 그리고 그 과정에서 우린 평생 잊지 못할 아름답고 환상적인 광경을 목격하게 되었다.

택시가 달리는 곳은 시내와 공항 사이 인적이 드문 동네의 한적한 밤길이었다. 우울한 마음에 창밖을 무심히 보고 있었는데 갑자기 창밖에 아름다운 장면이 펼쳐졌다. 길 옆으로 지나가는 암스테르담 외곽의 자그마한 집에서 새어 나오는 빛이 너무 아름다웠기 때문이다. 달리는 택시 위에서 우리는 순간순간 지나가는 창문 속 집 안의 모습을 볼 수 있었다. 따사로운 불빛 아래 소파와 카펫, 탁자와 아름다

---

18   취소되는 예약에 대처하기 위해 보유한 좌석이나 객실 수 이상으로 예약을 받는 일

운 꽃이 꽂힌 화병, 피아노 옆의 화분들 그리고 그 안에서 아늑한 저녁의 여유를 즐기는 사람들의 모습이 마치 필름처럼 지나갔다. 그리고 그 따스한 빛은 집과 도로 사이의 작은 수로에 담긴 물 위로 반사되어 반짝거리며 빛나고 있었다. 우리 부부는 조금 전까지 억울하고 화나고 어이없던 상황은 잊은 채 그 아름답고 따뜻한 장면을 넋 놓고 바라보았다. 아쉬운 마음에 뒤를 돌아 지나간 집들을 바라보니 창문에서 흘러나온 불빛들과 수로의 물빛과 작은 가로등 불빛이 모여 마을 전체가 아름답게 빛나고 있었다. 이후로 이 광경은 태어나 가장 인상적인 순간으로 손에 꼽는 기억이 되었다.

우리가 사는 공간의 빛은 우리 공간을 비추는 것으로 끝나지 않는다. 실내조명이 공간의 빛이 되어 준다면, 각자의 집에서 새어 나오는 빛은 우리가 사는 마을과 도시의 등불이 된다. 저마다 사는 모습대로 불이 켜져 있기도, 꺼져 있기도 하다. 각기 다른 색의 빛이 각기 다른 밝기로 자유롭게 빛나는 창은 주거를 목적으로 한 건물의 특징이다. 또한 이러한 건물의 빛은 높이에 따라, 도로의 넓이에 따라 다른 느낌으로 다가온다. 다양한 빛을 품은 건물이 모여 있는 언덕은 동네를 밝히는 하나의 등불처럼 보이곤 한다. 늦은 시간까지 밝게 빛나는 상업 시설의 밝은 빛은 밤의 활력을 보여 주며, 저마다 봐주길 바라며 빛나는 간판들은 건물 속 공간의 용도를 짐작하는 것을 넘어 때로는 그 자체로 거리를 밝히는 조명이 되기도 한다.

얼마 전 산책을 하다 동네에 새로 지은 아파트의 점등식을 보게 되었다. 한 집도 빠짐없이 아파트의 모든 불이 켜 있는 모습을 보는 것은

건물에서 새어 나오는 빛과
수면에 반사된 빛이
마을의 등불이 되어 빛나고 있다.

빛과 사회

한 집도 빠짐없이 모든 집의 불이 켜 있는 아파트

신선한 경험이었다. 탈휴먼스케일과 기계적 반복이 주는 압박감 역시 대단했지만, 밤에도 낮에 사는 것 같은 밝고 하얀 실내조명은 마치 이 시대 우리의 삶을 보여 주는 초대형 현대미술 작품처럼 보이기까지 했다. 해가 지고 이 땅의 자유로운 생명 모두가 휴식에 들어간 시간, 밝은 조명 아래서 끝없이 생육을 강요당하는 LED 농장 속 식물들이 생각나는 것은 과도한 확장일까.

직선으로 만들어 놓은 강이 구불구불한 제 모습을 되찾고, 파내어 버린 섬에 다시 흙이 쌓이고 초록빛 나무가 자라는 것처럼, 차갑고 딱딱하게만 보이던 그곳 역시 입주가 시작되고 사람이 들어와 살면서 사람의 따뜻함이 배어들기 시작했다. 기계적인 반복은 그 속에 각자 살아가는 사람들의 삶의 주기에 따라 각기 다른 시간에 불이 들어오고 꺼졌으며, 저마다 다른 밝기와 색상의 빛으로 채워 가며 사람 사는 곳의 온기를 보여 주고 있었다. 연말에 이따금 창문 안쪽에서 반짝거리는 크리스마스트리의 불빛을 발견할 때면 그 모습을 보고 기뻐할 아이들의 모습이 떠올라 미소가 지어지곤 한다.

치열한 직종이 모여 있는 업무 지대와 고시촌이 모여 있는 골목에는 늦은 시간까지 쉬이 불이 꺼지지 않는다. 24시간 치열한 낮을 살아가는 병원 응급실의 하얀 불빛은 마치 올림픽의 성화처럼 도시 속 우리의 삶이 멈추지 않는 한 끊임없이 밝게 빛나고 있을 것이다. 그런가 하면 휴식과 여유를 상징하는 호텔은 늦게까지 짙은 오렌지색 불빛을 은은하게 퍼트린다. 높은 빌딩 꼭대기 깜빡거리는 빨간색 항공등과, 건물 외벽을 비추는 각종 조명은 도시의 높이를 가늠케 한다. 저 멀리 번쩍이는 오색 불빛은 술과 유흥의 공간들이 모여 있음을 예상케 하며, 다가올 새벽일을 위해 일찌감치 어둠 속으로 스며드는 농어촌 지역의 불빛들도 있을 것이다. 또 그러한 마을과 도시 사이를 연결하는 도로와 교량들을 밝히는 불빛, 그 위로 오가는 자동차들의 불빛이 합쳐져 우리가 살아가는 밤의 모습을 만들어 낸다. 이렇듯 우리가 머무는 공간의 빛은 단순히 그 공간에만 머물지 않는다. 창이 모여 건물이 되고, 건물이 모여 마을이 되어 밤의 모습을 만든다. 그렇게 각각의 창은 마을과 도시의 빛이 되고, 그곳에 살아가는 우리의 모습을 보여 준다.

빛과 사회

아 기   거 북 은
반 짝 이 는   바 다 에
도 달 할   수   있 을 까

날이 어두워지고 파도 소리만 들리는 해변. 하얀 알껍데기에 균열이 가기 시작했다. 이윽고 깨진 알 속에서 아기 거북이 태어났다. 여기까지 온 과정도 결코 쉬운 일은 아니었다. 먼저 모래의 굵기와 온도, 바다와의 거리 등을 따져 보고 신중히 알을 낳은 어미 거북의 선택이 있었다. 모래가 너무 가벼우면 다른 동물에게 쉽게 파헤쳐지거나 쓸려서 알이 드러날 위험이 있다. 그렇다고 너무 깊고 단단하게 파묻으면 새끼가 알을 까고 나올 수 없다. 바다와의 거리 역시 중요하다. 너무 가까우면 만조 때 바닷물에 휩쓸려 물고기와 새우의 먹잇감이 되고, 너무 멀면 태어난 아기 거북이 바다에 닿기도 전에 모두 지쳐 버릴 것이다. 그렇게 최적의 장소에서 수십여 일을 무사히 버틴 거북 알만이 비로소 부화에 성공한다.

수많은 위험을 거쳐 드디어 아기 거북이 세상에 태어났다. 갓 부화한 아기 거북이들은 너도나도 지표면으로 기어 나온다. 이때 표면의 모래가 뜨거우면 다시 땅속으로 파고들어 가 모래가 식기를 기다리며, 한낮의 뜨거운 태양과 하늘에서 자신을 노리는 새들을 피해 서늘하고 어두운 밤을 택한다. 체력이 떨어지기 전에, 몸이 마르기 전에 그리고 다른 동물에게 발각되기 전에 바다에 도달해야 한다. 청각이 둔한 거북이는 물 밖에서 시각을 이용해 바다를 찾는다. 경사가 완만한 해변에서 바라본 바다의 표면은 달빛과 별빛이 반사되어

바다를 향해 가는
아기 거북

반짝거린다. 알에서 나와 빛을 따라 바다로 향하는 것은 수천 년 동안 이어져 온 거북이들의 본능이다.

때를 직감한 아기 거북은 드디어 지표면으로 올라와 본능적으로 바다의 빛을 향해 내달린다. 중간중간 길을 막고 있는 조개껍데기와 나뭇가지를 넘고, 때로는 사람의 발자국이 만들어 놓은 깊고 어두운 모래 골짜기를 힘겹게 오르기도 한다. 그렇게 아기 거북의 몸이 마르고 체력이 다할 정도로 필사적으로 내달렸을 즈음 드디어 목표 지점에 도착한다. 그런데 그곳은 안타깝게도 바다와 정반대인 해안도로 가로등 아래였다. 지금도 수많은 아기 거북들은 바닷가의 리조트, 상업 시설, 간판 등이 비추는 빛에 속아 바다가 아닌 육지를 향해 기어간다. 기존에도 1퍼센트 정도로 낮은 거북이의 생존 확률은 인간이 밝힌 빛으로 인해 이전보다 훨씬 더 낮아지고 있다.*

어두운 밤을 밝히는 빛으로 인해 우리는 이전에는 불가능했던 길고 안전한 밤과 풍성하고 화려한 경관을 누리고 있다. 하지만 밤의 인공조명이 오히려 혼란을 주는 사례도 적지 않다. 공항의 활주로는 명확한 조명의 색상, 광도, 빔 각도, 방향, 휘도에 대한 기준을 만들어 운영한다. 공항 주변에는 원색의 조명이나 하늘을 향해 비추는 경관 조명같이 혼선을 줄 수 있는 조명의 사용이 제한된다. 비행에 수많은 관측 장비가 사용되는 현재에도 여전히 시각 정보는 비행에 있어 매우 중요한 관측 요소이기에, 이처럼 공항 내외부 빛은 엄격하게 관리되는 것이다.

인간은 자신들의 비행을 위한 빛 환경을 만들기 위해 이토록 노력하지만, 새와 곤충의 비행을 보호하기 위한 노력은 매우 미미하다. 하늘을 나는 곤충의 경우 어두운 밤에는 낮보다 시각 정보가 부족하기 때문에 밤하늘의 달과 별의 위치를 사용하여 방향을 탐지한다. 나방은 달이 없는 밤에 북극성을 기준으로 비행하며, 딱정벌레는 은하수를, 말벌과 꿀벌이나 귀뚜라미와 개미는 달빛을 사용해 방향을 탐지한다는 것이 연구를 통해 알려졌다.* 곤충도 이러하니 계절에 따라 먼 길을 비행하는 새들은 두말할 나위 없다.

날아다니는 새와 곤충뿐만이 아니다. 앞서 이야기한 바다거북의 사례처럼 이 땅 위에 발을 딛고 사는 수많은 생명체가 어두운 밤 인공조명의 영향을 받는다. 전 세계적으로 척추동물의 약 30퍼센트, 무척추동물의 약 60퍼센트 이상이 야행성이라고 한다. 이들은 우리가 생각한 것보다 어두운 밤 작은 빛에도 민감하게 반응한다. 심지어 여기서 말하는 '빛'은 우리가 보고 느끼는 가시광선 이외의 파장도 포함한다. 우리가 사용하는 인공조명은 대개 가시광선뿐 아니라 자외선과 적외선까지 넓은 범위의 빛을 방출한다. 우리는 보지 못하는 빛에 의해 수많은 동물과 곤충 그리고 식물까지도 영향을 받는다.

이 땅의 모든 생명체는 아주 오랫동안 태양과 달의 빛과 주기에 적응하며 살아왔다. 하지만 짧은 시간 급속도로 발전한 인공조명의 빛은 이 땅의 생명체가 적응해 온 근본적인 활동 주기와 감각 정보를 흩트려 놓는다. 도시를 중심으로 점차 인류의 밤이 밝아지기 시작했고 산업화와 인공조명의 발전은 이전과는 비교할 수 없을 만큼 밝은 밤

빛과 사회

을 만들었다. 거대 도시가 생겨나면서 이는 더 이상 하나의 가로등이나 거리의 문제가 아니게 되었다. 도시 전체가 마치 어둠을 용인하지 않는 것처럼 빈 곳 없이 밝은 빛으로 채워지기 시작했다. 아네테 크롭베네슈Annette Krop-Benesch는 그의 저서 『우리의 밤은 너무 밝다』에서 이러한 상황을 "빛이 거대한 뚜껑처럼 지구를 덮었다."라고 표현했다. 인류의 조명은 우리가 사는 공간 주변에만 영향을 미치는 것이 아니라 지표면에 반사되고 대기 중에 산란하며 말 그대로 점차 지구를 '덮고' 있다. 이 현상은 여러 가지 형태로 생태계의 균형을 무너뜨리는 결과를 낳는다.

빛은 생명체의 활동에 교란을 가져온다. 빛을 좋아하는 곤충과 어류는 어두운 밤 밝은 인공조명을 향해 모여든다. 우리는 가로등 주변에서 날아다니는 수많은 곤충을 볼 수 있다. 곤충이 빛을 향해 모여드는 현상이 의미하는 것은 단지 그들의 활동 영역이 바뀐 것 정도로 그치지 않는다. 빛을 따르는 개체와 빛을 피하는 개체의 활동 영역이 인위적으로 나뉘게 되고, 이를 활용하거나 그렇지 못한 상위 개체의 활동 영역과 우열까지도 나눠 버린다. 더 넓은 지역과 공간에서 다양한 활동을 해야 하는 개체들이 가로등 밑에서 충돌, 과열, 탈수 또는 포식의 결과로 죽어 간다. 이러한 현상은 해상교량이나 선박의 인공조명이 존재하는 바닷속에서도 비슷한 방식으로 일어난다.

또한 밤의 과도한 인공조명은 야간에 활동하는 생명체들의 시각 능력과 방향 탐지에 혼선을 가져온다. 인공조명에 의한 빛 공해로 달빛과 별빛이 제대로 보이지 않는 상태에서 수많은 곤충과 새들이 비

우리는 '안전'과 '번영'이라는 이유로
빛에 갇혀 살고 있는 것인지도 모른다.

수많은 곤충이 가로등 밑에서 충돌, 과열, 탈수, 포식의 결과로 죽어 간다.

행 중에 길을 잃고 헤맨다. 또한 강한 인공조명에 노출된 새와 곤충들은 시각 능력이 저하되거나 심한 경우 영구적으로 상실되기도 한다. 밤에도 불이 켜져 있는 투명한 건물 유리창에 부딪혀 죽는 새만 해도 그 수가 엄청나다. 미국 시카고는 봄, 가을이면 500만 마리의 철새가 도시를 지나갈 정도로 새의 이동 경로 한복판에 위치한다. 이 도시에 불을 밝힌 높은 건물들이 생겨나면서 밤하늘을 가로지르던 철새들이 건물 유리창에 부딪히거나 지칠 때까지 건물 주위를 빙빙 돌며 이동하지 않는 현상이 발생했다. 그 정도가 심각해져 매일 아침 건물 관리인들이 지붕에서 죽은 새를 삽으로 퍼내야 했다고 한다. 이런 문제 때문에 시카고는 절전 프로그램을 계획해 철새가 이동하는 시기에는 외부 조명을 끄고, 차양을 설치하고, 실내조명을 최대한 낮춰 철새의 사망률을 80퍼센트 가까이 줄였다.*

가장 중요한 문제는 각 개체의 생식 능력 변화, 나아가 개체수에 영향을 미쳐 결국 생태계 균형에 문제를 일으킬 수 있다는 점이다. 야간의 빛 공해가 식물의 엽록체 미세 구조에 변화를 일으킨다는 사실이 발견됐다.** 빛에 민감한 식물과 작물들은 적은 양의 인공조명으로도 발화 시기에 변화가 생기는 경우가 있었다. 또한 육지의 동물과 곤충, 바다의 어류 역시 인공조명으로 인해 영역, 개체수, 생식의 영향을 받으며 생태계의 변화들이 발생하고 있다. 이러한 변화는 자연의 균형을 깨뜨리면서 환경오염, 수질오염 등의 결과로 나타나는데, 반복된다면 결국 지구에 사는 모든 생명체에게 영향을 줄 수 있는 큰 문제로 발전하게 될 것이다.

빛 공해로 인해 나타나게 되는 문제는 단순히 별을 보기 어려워진다는 문제 정도에 국한되지 않는다. 이는 생각보다 광범위한 영역에서 지구와 인류의 삶에 영향을 미칠 수 있다. 하지만 무조건 환경에 영향을 주는 빛을 줄이자는 단순한 해결책으로 접근할 수 있는 문제는 아니다. 한 예로 1장의 '빛이라는 물감' 편에서 이야기했던 낮은 연색성의 나트륨램프를 사용한 가로등이 메탈할라이드나 LED 같은 높은 연색성을 가진 램프로 바뀌면서 시각적 쾌적함뿐만 아니라 운전자 및 보행자의 안전에도 도움이 되었다. 하지만 곤충에게 미치는 영향은 장파장의 단색광인 나트륨램프 가로등이 이후의 다른 백색 광원의 가로등보다 오히려 적었다고 한다. 빛의 발전이 곤충에게는

빛과 사회

더 유해한 환경을 만든 것이다. 그렇다고 모든 가로등을 다시 이전의 단색광으로 돌리기는 쉽지 않다. 우선 사용하지 않지만 밝게 불을 밝히고 있는 우리 집, 사무실, 상업 시설, 공공 공간의 빛부터 줄여 나가는 과정이 필요할 것이다. 무조건 길이 어둡다고 높고 밝은 가로등부터 설치할 게 아니라 필요한 밝기와 배광, 시간을 고려해 최소한의 빛을 배치하는 것부터 시작해야 한다. 도시는 환하게 밝혀 놓고, 각자 침실은 암막 커튼으로 빛을 가린 채 잠자는 인간의 모습이 이 땅의 다른 생명들에게는 매우 이기적인 모습으로 보일지 모른다.

현대를 사는 우리에게 너무나 당연한 인공조명은 인류 혹은 지구 환경의 역사로 봤을 때 아주 최근에 나타난 변화 요소다. 긴 호흡으로 봤을 때 어쩌면 우리는 인공조명이 선사한 어둠의 정복에 심취해 무분별하고 과도하게 지구를 밝히는 시기에 있는 걸지도 모른다. 이 시기가 계속된다면 앞으로 지구의 밤은 더더욱 밝아져 결국 많은 것이 망가지는 결과를 맞이하게 될 것이다. 우리가 실내의 밝은 빛에 익숙해져 갈수록 실외에서도 점점 더 밝을 빛을 요구하게 될 테니까 말이다. 지구는 우리 인간만 살아가는 공간이 아니라는 점을 기억해야 한다. 누군가 자고 있을 때 그 방의 불을 함부로 켜지 않듯이, 아기 거북이 온전히 바다를 향해 달려갈 수 있도록 우리의 불을 하나쯤 꺼 두는 배려가 필요하다.

고 래 는
빛 이 었 다

인류가 불을 사용할 수 있게 되고 난 후, 어둠을 물리치기 위해 우리의 오랜 조상들은 태울 수 있는 다양한 것들을 찾아 빛을 만들었다. 처음에는 구하기 쉬운 마른 지푸라기 또는 나뭇가지를 모아서 불을 피웠을 것이다. 그리고 누군가 씨앗에서 나오는 기름이 더 좋은 불꽃을 만들어 내는 좋은 재료라는 걸 발견했을 것이다. 진화하는 문명은 식물뿐 아니라 들짐승 및 가축으로부터 나온 기름을 사용하기 시작했다. 그렇게 인간은 빛을 만들 수 있는 더 좋은 재료를 찾아 나갔다. 하지만 그러한 재료들은 너무 빨리 불타 없어지거나, 구하기가 어려웠다. 애써 구하더라도 그 양이 매우 적었으며, 태울 때마다 그을음과 악취로 어려움을 겪어야만 했다. 그마저도 태울 기름이 있는 자는 경제적인 여유가 있는 사람들에 한했으며, 인류는 여전히 어둡고 추운 밤을 견디며 살아야 했다.

그러던 중 '바다 위의 등불'이라 불릴 만한 존재가 나타났다. 바로 고래였다. 해상 무역과 어업 활동이 활발하게 일어나던 18세기, 고래기름은 빛을 만들기 위한 최고의 재료로 급부상했다. 키우기 어렵고 몸집의 크기에 한계가 있는 육지 동물에 비해, 고래는 포획이 비교적 쉬웠고 큰 몸집과 두툼한 지방층을 가지고 있기 때문에 이전에 불을 밝히던 다른 재료에 비해 값도 싸고 공급량도 많았다. 큰 고래의 경우 한 마리당 60배럴, 약 1만 리터의 기름이 나왔다고 한다. 그렇게 값싸고 많은 공급량을 자랑하는 고래기름은 인류의 어둠을 밝히는

빛과 사회

오랜 시간 인류에게
고래는 빛이었다.

데 크게 이바지했다.

고래의 종류에 따라, 부위에 따라, 또 고래기름을 다루는 방식에 따라 각기 다른 품질의 기름이 나왔다. 상대적으로 잡기 쉽고 많은 기름을 얻을 수 있는 남방긴수염고래와 북방긴수염고래가 주된 재료로 사용됐다. 그런데 얻을 수 있는 양은 적지만 높은 품질의 기름을 얻을 수 있었던 향유고래 역시 포경선단의 중요한 표적이었다. 고래기름을 정제하는 방법도 1년에 걸쳐 계절별 기름이 따로 만들어질 정도로 복잡하고 많은 정성이 들어갔다. 특히 향유고래의 머리에서 나온 고래 왁스로 밝힌 불빛은 가장 희고 맑았다. 게다가 그을음도 적었고 오래 지속되었으며 더운 날씨에도 물러지지 않아 빛을 만드는 최고급 재료였다고 한다.* 만약 내가 18세기에 태어나 지금과 같이 빛 이야기를 하고자 했다면 형광등과 LED 램프를 비교하거나 색온도를 구분하는 대신, 남방긴수염고래와 향유고래 기름의 빛 차이, 겨울 고래기름과 봄 고래기름 램프의 빛깔 차이를 이야기하고 있을지도 모를 일이다.

하지만 고래기름으로 인해 인류의 밤이 밝아진 만큼 분명한 희생도 뒤따랐다. 인공의 빛이 귀하던 시절이었기에, 빛은 곧 권력이었다. 권력을 가진 자들은 더 밝고 깨끗한 빛을 원했고, 이윤을 취하려는 자들은 그를 위해 엄청난 수의 고래를 잡아들였다. 우리에게 좋은 빛의 재료가 된다는 이유로 고래는 무차별적으로 포획되었다. 1930년대 후반까지 매년 거의 5만 마리의 고래가 포획된 것으로 알려진다. 제한 없는 과도한 포획으로 전 국가적인 제제가 없이는 개체의 유지가 어려울 만큼 수많은 고래가 죽임을 당했다. 그렇게 권력의 야망과 더불어 어둠을 이기고 무한히 번영하고픈 인류의 욕심으로 인해 수많은 고래가 빛이 되어 사라졌다. 그렇게 오랜 시간 인류에게 고래는 빛이었다.

이러한 멸종 위기의 고래를 구한 건 석탄의 발견이었다. 석탄의 사용으로 인해 인류의 빛은 새로운 시대를 맞이하게 되었다. 석탄은 증기기관부터 조명까지 18세기 산업혁명의 원동력이었으며, 당시에는 값싸고 좋은 에너지원이었다. 특히 석탄에서 추출한 석탄가스는 이전의 수지나 고래기름에 비해 냄새도 거의 없을뿐더러 흔들리지도 않고, 더욱 선명하고 밝은 빛을 만들어 냈다. 도시의 거리를 밝히는 가로등부터 실내의 조명에 이르기까지 많은 빛이 석탄가스로 대체되었다. 조명을 밝혀 공장을 늦은 시간까지 돌릴 수 있게 되면서 생산성도 늘어났기에 수요는 계속해서 증가했다. 땅속 깊이 묻혀 있던 검은 돌이 인류의 밤을 밝히기 시작한 것이다.

석탄 사용이 늘면서 자연스레 고래 포획이 줄었다. 피와 기름으로 얼룩진 배들 또한 그 수가 줄어들었다. 고래의 희생과 거친 고래잡이 산업이 줄었지만, 대신 광산이라는 새로운 산업이 발달하기 시작했다. 광업은 그 자체로도 가장 고되고 위험한 일 중 하나였으며, 당시 가장 낮은 계층의 사람들이 현장에 투입되는 경향이 있었다. 검은 석탄가루는 작업자들의 건강을 위협하는 존재였다. 하지만 그보다 위험했던 것은 석탄을 채굴하는 작업 환경이었다. 광산 깊은 곳까지 들어가 석탄을 채굴하는 작업은 다른 어떤 채굴 과정보다 위험

위험한 환경에서 석탄을 채굴하는 노동자들

했다. 석탄이 묻혀 있는 광산에는 메탄가스가 차 있는 경우가 대부분이었는데, 문제는 어두운 탄광을 밝히기 위한 당시의 유일한 조명 수단이 '불빛'이었다는 점이다.

빛을 밝히기 위해 채굴하는 탄광은 세상에서 가장 어두운 검은색 동굴이었다. 그리고 그곳은 정작 쉽게 불을 밝힐 수 없는 암흑의 공간이었다. 수많은 사람이 세상의 불을 밝히기 위해 가장 어두운 곳으로 들어가 일해야 했다. 그리고 수많은 탄광이 폭발하고 무너지며 무수한 생명이 빛을 잃었다. 광업, 특히 석탄 광업의 역사는 다치고 숨겨 간 광부들의 역사라고 봐도 과언이 아니다. 고래의 희생은 줄었지만, 빛을 밝히기 위해 그렇게 또 어둡고 위험한 탄광에서 일하는

빛과 사회

사람들의 희생이 필요했다. 그렇게 인류의 빛나는 발전을 이루던 산업혁명 시대를 밝히기 위해 수많은 사람의 생명이 가녀린 불빛처럼 꺼져 갔다.

나무와 동식물의 기름, 석탄과 석유의 시대를 지나 전기로 빛을 만드는 시대가 되었다. 인류의 밤은 이전과 비교할 수 없을 만큼 밝아졌으며, 어둠을 밝히는 일은 이제 더 이상 부유층만의 특권이 아니다. 사무실과 공장의 생산성이 증가했고 우리가 사용할 수 있는 공간은 태양 빛이 닿지 않던 지하까지 확대되었다. 그렇다면 이 시대의 고래와 광부는 누구일까? 누구나 원하는 만큼 어둠을 밝힐 수 있게 된 이 시대에도 어디선가 빛을 위한 희생이 이루어지고 있음을 생각해 볼 필요가 있다. 그것이 비록 감정을 느낄 수 없는 자연과 환경 또는 지구라 할지라도 말이다.

해가 떠오르기를
그토록 바랐던 밤

인류가 불을 사용할 수 있었다는 것은 열과 함께 빛을 가질 수 있었다는 의미와 같다. 아마도 오래전 인류에게 밤은 매우 무서운 존재였을 것이다. 망막의 원뿔세포 비중이 높아 좋은 시력을 사용할 수 있는 낮과 달리, 밤의 어두움은 인간에게 매우 취약한 환경이었다. 그에 반해 인간에게 위협을 가할 수 있는 포유류들은 막대세포의 비중이 높아 어두운 곳에서의 활동에 유리했다. 그래서 밤의 인간은 좋은 표적이 되었을 것이고, 그 때문에 밤은 인간에게 가장 위험한 시간이었다. 안전하고자 하는 욕구, 빛으로 어두움을 이기고자 하는 욕구는 그때부터 자연스레 주어진 인간의 본능이었는지 모른다.

GOP[19]에서 근무하던 군 시절, 밤에 대한 공포증이 생겼다. 휴전선 철책을 지키는 GOP부대는 대부분 낮보다 밤에 더 많은 활동을 한다. 낮에는 적은 인원으로도 감시가 가능하지만, 시야 확보에 한계가 있는 밤에는 동일한 구간에 낮 시간보다 2~3배 많은 인원이 철책을 지키는 데 투입된다. 민간인의 출입이 통제된 강원도의 깊은 산속, 언덕과 골짜기를 오르내리며 굽이굽이 늘어서 있는 철책 부근을 제외하고는 인공조명을 찾아볼 수 없는 환경이었다. 병력의 노출을 가리기 위해 그마저 있는 창문의 빛들도 모두 암막 커튼으로 가렸다.

---

19   남방한계선 철책선에서 24시간 경계 근무를 하며 적의 기습에 대비하는 소대 단위 초소

그렇게 인공의 빛이 차단된 채, 해가 지면 그야말로 완전히 깜깜한 세상이 열렸다. 하늘에는 반짝이는 별들로 가득했지만 고개를 내려 주변을 살펴보면 온통 까만 산과 흔들리는 나무들, 정체를 알 수 없는 수상한 소리들만 내 주변을 감싸고 있었다. 갑자기 옆에서 총을 든 북한군이나 멧돼지가 튀어나와도 전혀 이상할 것 없는 상황이었다. 늘 밝은 도시의 밤을 살아오던 나에게 밤은 즐겁게 친구를 만나거나 집에서 휴식을 취하는, 신나거나 편안한 시간이었다. 하지만 불빛이 사라진 밤은 나를 보호할 수 없는 차갑고 무서운 공포 그 자체였다. 야간 근무를 설 때마다 나는 동쪽 하늘을 바라보며 날이 밝기를, 어서 해가 떠오르기를 간절히 바랐다.

빛은 사람의 안전을 위한 필수적인 요소이며 안전을 추구하는 것은 인간의 본능이다. 내 주변의 공간과 대상을 파악하여 나에게 조금 더 안전한 위치나 자세를 찾는 것, 그리고 다음 행동을 준비하는 과정은 우리가 의식하든 의식하지 않든 끊임없이 일어난다. 그런 본능은 맹수의 위협에서 벗어난 현대사회에서도 여전히 유효하다. 도시에서 마주치는 이름 모를 타인, 움직이는 자동차 그리고 요철이나 계단, 머리가 닿을 것 같은 문틀, 바닥에 떨어진 정체를 알 수 없는 물체에 이르기까지 우리는 끊임없이 주변의 사물들을 파악하고 조금 더 안전한 위치와 자세를 찾는 행동을 반복한다.

빛이 온전치 않다는 것은 이 모든 대상을 온전히 파악할 수 없다는 것이며, 이는 우리를 위험에 빠뜨릴 수 있는 상황에 처할 확률이 높음을 의미한다. 그리고 이러한 안전의 위협은 인간에게 높은 스트레스를 준다. 반대로 누군가 상대를 위험에 빠뜨리고자 하는 의도를 가지고 있다면, 어둠 속의 상대는 좋은 표적이 될 것이다. 마치 동물들에게 밤의 인간이 표적이었듯이.

이 때문일까, 인공조명이 발명되면서 가장 활발하게 빛이 사용된 곳 중 하나는 공공 공간의 가로등이었다. 사람이 모여 살기 시작하고, 도시가 만들어지면서 길이나 광장 같은 공공의 공간들이 생겨났다. 기름을 태우고 가스를 사용하여 인공의 빛을 만들기 시작하면서 가로등이 그러한 공간들을 밝히기 시작했다. 이는 외부의 적으로부터 자신들의 공동체를 지키기 위함과 공동체 내에서의 안전을 동시에 얻고자 함이었을 것이다. 19세기 후반 우리나라 경복궁에 첫 번째 가로등이 빠르게 들어오게 된 이유도 당시 고종황제가 임오군란과 갑신정변을 거친 뒤 밤에 병란이 일어나는 것을 두려워했기 때문이라고 전해진다.*

가로등은 조금씩 그 영역이 넓어지며 도시의 중앙에서 외곽으로 퍼져 나갔고, 그 사이의 길들을 밝히기 시작했다. 그리고 교통수단의 발전은 도로를 위한 가로등의 필요를 앞당겼다. 인공조명의 효율과 수명이 개선되고, 교통수단의 속도가 점점 빨라지면서 더 효율적으로 거리를 밝힐 방법이 연구되기 시작했다. 가로등의 간격은 넓히되, 도로를 비추는 조도 차이가 크지 않도록 하기 위해 조명은 발전을 거듭했다. 처음에는 넓게 퍼지는 빛만을 만들어 내던 조명이 점차 바닥면을 집중적으로 비추는 방식으로 발전하고, 반사판의 개발을 통해 효과적으로 도로를 밝히는 배광(빛의 분배)을 만들어 내기 시작했다.

　　　　　　　　　　　　　　　　　빛과 사회

가로등은 안전을 위해 치밀한 계산 속에 설계된다.

가로등의 배치를 결정하기 위해서는 램프에서 나오는 빛이 얼마나 넓게 퍼질 수 있는지와 가로등의 높이, 가로등과 가로등 사이의 간격이 고려된다. '균제도'라고 하는 도로의 가장 밝은 부분과 가장 어두운 부분의 조도비를 기준치보다 낮추기 위해 노력하며(그 균제도는 도로를 이동하는 이동체의 속도를 기준으로 설정된다), 자동차, 자전거, 도보 등 각각 이동하는 사람이 불편을 겪지 않을 정도의 '밝기 차이' 및 '간격'으로 기준이 마련되기 시작했다. 오늘날에는 모든 가로등이 배광, 높이, 간격 등 까다로운 기준을 바탕으로 결정된다. 도로의 발달과 함께 가로등의 발달도 그렇게 함께 이루어졌다.

조명은 어두컴컴한 지하 공간도 밝히기 시작했다. 오르내리는 계단을 비추는 빛이 생겨나고, 깊은 지하 공간까지 빛을 밝힐 수 있게 되었다. 터널을 뚫고 빛을 비추어 이동 시간을 획기적으로 단축시켰다. 현대 주요 교통수단으로 사용되는 지하철과 터널, 지하도는 조명이 있었기에 가능한 영역이었다.

그렇게 집과 건물, 광장과 도로, 지상과 지하에 이르기까지 인류는 조명을 통해 어둠을 정복해 나갔다. 이제는 사람이 모여 사는 도시는 밤에도 불빛들로 채워지는 시대가 되었다. 그러한 우리의 도시는 어두운 밤 우주에서 위성으로 바라보면 마치 빛나는 금빛 실로 수놓은 것처럼 반짝인다. 안전을 찾아 어둠을 정복하려는 인간의 본능과 빛을 만들어 내는 기술이 만나 이제 지구는 밤에도 반짝이며 빛나고 있다.

빛과 사회

한강 다리의
조명이 꺼졌다

2011년, 조명 설계 회사를 다닌 지 3년 차 되는 해였다. 당시 우리 회사의 주요 업무는 공원, 지하철 그리고 교량 등에 조명을 설계하는 일이었다. 당시 한국은 청계천 복원사업의 성공 같은 일들과 함께 '공공 디자인'이라는 키워드가 정점에 이르렀을 때였다. 해외 유명 건축가를 초청해 서울의 한가운데에 전에 없는 화려한 건물을 짓기 시작했으며, 한 해 전인 2010년에는 디자인 수도로 선정되어 서울 시내 곳곳에 각종 디자인 행사가 넘쳐났다. 서울의 야경을 개발한다 며 다양한 공간에서 야간 경관을 위한 투자와 설비가 우후죽순으로 생겨나던 때였다. 그때는 이런 흐름이 계속될 줄 알았다. 세계가 충격에 휩싸인 그 뉴스가 들려오기 전까지는.

사건이 일어나기 한 달 전인 2011년 2월, 대한민국의 에너지 경보가 관심 단계에서 '주의'로 올라갔다. 리비아 사태로 인해 세계 유가가 급등하면서 내린 결정이었다. 이미 대부분의 국민들은 치솟는 기름 값과 물가에 힘들어하고 있었다. 그리고 정부는 에너지 절약 차원에서 한강 다리의 조명 중 절반을 끄기로 결정했다. 사실 한강 다리의 경관 조명에 들어가는 에너지는 사회 기반 시설에 들어가는 각종 설비의 전기에 비하면 아주 미약한 편이다. 하지만 그 '상징성'은 결코 작지 않다. 수많은 사람이 오가며 보는 한강 다리의 조명이 꺼졌다는 것은 '국가도 이만큼 전기를 아껴 쓰고 있다'는 것을 보여 주는 가장 상징적인 메시지였다. 그렇게 한강 다리의 조명을 끈 지 불과 한

달도 되지 않아 더 큰 사건이 터졌다.

2011년 3월 11일. 역사상 전례 없는 규모의 쓰나미가 일본 도호쿠 지방을 덮쳤다. 9.0이라는 어마어마한 지진 뒤 몰려온 쓰나미였다. 모든 것을 쓸어 가는 대자연의 힘 앞에 그저 쳐다볼 수밖에 없는 무서운 장면들이 TV 뉴스 화면을 가득 채웠다. 뒤따라오는 쓰나미를 피해 달려가다 결국 검은 물결 속으로 사라지는 자동차의 모습은 지금도 생생히 기억난다. 쓰나미의 충격이 온 세계를 뒤덮던 그때 믿지 못할 뉴스가 이어졌다. 후쿠시마 제1 원자력발전소가 폭파되었다는 것이었다. 규모를 알 수 없는 방사능이 흘러나왔고 이를 두고 수많은 보도와 추측들이 다시 한번 온 세계 뉴스를 뒤덮었다.

당시 일본에서 진행되던 원자력발전소 개발 계획은 대부분 취소되었다. 일본뿐만이 아니었다. 전 세계는 원자력발전의 위험성에 대해 다시 한번 생각하게 되었으며, 에너지 특히, 전기 사용에 대한 기존의 사고 전체가 뒤흔들렸다. 인류 전기의 미래라고 생각했던 원자력은 더 이상 안전한 것이 아님을 모두가 알게 되었고, 전기를 아껴 써야 한다는 사회적 움직임에 더 큰불을 지폈다. 그렇게 한강 다리의 조명은 에너지 경보가 해제된 이후에도 한참 동안 다시 켜지지 못했다.

일 년 전만 해도 도시 야간 경관에 대해 각종 프로젝트와 심포지엄들이 넘쳐났지만, 그 분위기는 급격히 식었다. 그렇게 진행 중이던 수많은 경관 조명 프로젝트가 축소되거나 사라졌다. 있는 조명도 끄는 판에 새로운 조명을 설계한다는 것은 어불성설이었다. 그렇게 나

빛과 사회

2011년 일본 쓰나미로 인한 후쿠시마 원전 사고는 에너지에 대한 전 세계의 관점을 흔들었다.

의 첫 직장이자 내가 사랑해 마지않던 조명이라는 분야는 한순간에 사양산업으로 접어들었다. 당시의 나는 억울하기도 했다. 실제로 조명에 들어가는 전기는 사회 기반 시설에 들어가는 전기에 비해 매우 적은 양이라며, 이건 다 실효성 없는 보여 주기식 정책이라고 한강교량 소등에 대해 주위에 불만을 토로하기도 했다.

하지만 정책에서 '상징성'은 매우 중요한 요소다. 어찌 보면 서울의 중심을 가로지르는 한강의 조명을 끈다는 것은 에너지 문제에 대한 메시지를 가장 효과적으로 전할 수 있는 행동이었을지 모른다. 그렇게 사랑하는 분야가 급격하게 쇠퇴기를 맞이하는 것을 보며 20대의 디자이너였던 당시의 나는 어쩔 수 없이 새로운 분야에 눈을 돌리게 되었다. 그것은 새로운 분야와의 만남이라는 계기로 작용했지만 조명과의 아쉬운 이별이었다는 것도 부정할 수 없다.

잠시만 상징적으로 꺼질 줄 알았던 한강 다리의 조명이 다시 들어오는 데는 그로부터 3년이라는 시간이 걸렸다. 2014년, 드디어 조명이 설치된 한강교량 24개의 불빛을 모두 켜기로 했다는 보도가 나왔다. 당시 보도에 따르면 다시 불을 밝히는 이유로, 소등으로 인해 아끼게 되는 전기세보다 불을 켜지 않음으로 인해 생기는 교량 조명의 유지 보수 비용이 더 나간다는 점, 중요 이벤트 시 설치된 조명을 사용하기 어렵다는 점 등을 내세웠다. 만약 교량의 조명이 필요하지 않다면 있는 조명을 철거하는 결정을 했을 것이다. 불 꺼진 한강 다리를 바라보며 사람들은 다시 한번 생각하게 된다. 왜 한강 다리에 불을 켜야 할까?

도시에 경관 조명을 하는 이유는 크게 두 가지다. 안정성과 심미성이다. 밤에는 달빛이 있지만, 현대 도시는 인공조명으로 밤에도 밝게 빛난다. 도시를 밝히는 방법도 우리의 공간을 밝히는 방법과 유사하다. 도시의 경관 조명에도 직접 조명과 간접 조명이 어우러진다. 직접 조명은 주거 환경에서 마치 책상 위나 부엌 조리대를 비추는 조명처럼 도시의 기능을 위해 존재하는 것이 대부분이며, 그 대표적인 예로 가로등을 들 수 있다. 가로등은 도심을 가로지르는 수많은 도로 위 노면을 밝게 비추어 운전자와 보행자의 이동을 돕는다.

도시의 간접 조명 역할로서의 경관 조명은 도시 전체의 야경을 보다 아름답고 풍성하게 보이도록 한다. 또한 낮에 비해 거리감이 떨어지는 야간 환경에서 거리와 사물의 크기, 공간의 넓이를 짐작하는 데에 도움이 된다. 한강의 다리 조명은 그 자체로 아름다운 야경의 요소가 될 뿐 아니라 서울을 가로지르는 한강과 도시의 규모를 짐작하게 해 준다. 높이 솟은 건축물의 조명은 각 지역을 상징하는 랜드마크 역할을 하여 이동 시 위치를 알려 주고, 주변에 빛을 공급하는 간접 조명으로서의 역할도 한다. 경복궁이나 수원 화성처럼 지역 특성을 나타내는 상징물의 조명은 지역성을 나타내는 중요한 요소로 작용한다. 나무에 빛을 비추는 수목 조명, 환경 조형물 등을 비추는 투광 조명 역시 자체로 훌륭한 경관 조명이자 안전 조명의 역할을 한다.

이외에도 고가 하부의 경관 조명, 공원과 하천 주변을 밝히는 조명, 건물을 밝히는 조명, 탑과 조형물을 밝히는 조명은 마치 우리 주거 공간의 화초와 테이블, 벽에 걸린 그림들을 밝혀 풍성한 빛 환경을 만드는 것과 같다. 그 빛은 단지 아름다워 보이는 심미적 역할뿐 아니라 간접 조명을 통해 어두운 환경을 은은하게 밝히는 역할을 한다.

물론 부문별한 간판 조명, 광고 조명, 상점 조명 등은 높은 밝기와 대비로 눈부심을 일으키는 원인이 되기도 한다. 너도나도 돋보이려고 밝힌다면 빛 자체도 공해가 될 수밖에 없다. 전력의 낭비와 과도한 빛 공해가 발생하지 않을 효율적인 조명 설계가 무엇보다 필요하며, 눈부심을 줄이고 좋은 빛 환경을 만들기 위한 규제들이 실제로 적용될 수 있도록 하는 다양한 노력이 필요하다.

야간 조명은 이 시대 도시의 활력과 풍요로움의 상징이 되었다.

나는 한강의 야경을 좋아한다. 넓은 한강을 가로지르는 정교한 구조의 교량들을 비추는 아름다운 빛이 강 표면에 일렁이는 모습은 서울을 표현하는 아름다운 장면 중 하나가 되었다. 시간이 지나고 한강 다리의 빛은 돌아왔지만, 안전과 아름다움 그리고 환경과 인류의 미래 사이를 고민하는 일은 계속되어야 할 것이다.

빛과 사회

빛 으 로 그 리 는
이 시 대 의
새 로 운 벽 화

로마의 바티칸Vatican을 방문하는 사람들이 반드시 챙겨 보는 그
림이 있다. 바로 '시스티나 성당Sistine Chapel'에 그려진 미켈란젤로
Michelangelo의 「천지창조」다. 사실 처음 「천지창조」를 보고 적잖이
충격을 받았다. 성당의 어느 멋진 방, 고급스러운 액자 속에 존재하고
있을 줄 알았던 이 유명한 그림은 예상과 다르게 성당의 천장에 자리
잡고 있었기 때문이다. 그것도 목이 아플 정도로 최대한 고개를 뒤로
젖히고, 근시를 극복하기 위해 미간에 주름이 잡힐 만큼 눈을 찡그려
야지만 그 형체가 제대로 보이는 먼 거리에 있었다. 「천지창조」는 그
렇게 캔버스가 아닌 건축물의 일부로 존재하는 그림이었다.

구석기 시대로 추정되는 인류 최초의 그림은 동굴에서 발견됐다. 그
들은 자신이 주로 생활하는 동굴 깊숙한 곳으로 들어가 벽에 그림을
그렸다. 당시의 그림은 사냥감으로 추정되는 소, 말, 사슴 등이 주를
이루었다. 사냥으로 생계를 유지했던 시대이기에, 그 시절 사람들의
생활, 염원, 희망이 그림에 담겼던 것으로 추측된다. 지금 보아도 감
탄이 나올 만큼 뛰어난 그림 솜씨였다. 동굴 속 타오르는 모닥불에
비친 일렁이는 동물 그림들은 그들에겐 마치 살아 움직이는 스크린
같은 존재였을지도 모른다.
　시간이 흘러 문명이 발전하고 국가가 형성되면서, 사람들은 그
옛날 동굴에 그림을 그렸던 것처럼 건축물에 그림을 그렸다. 왕과

미켈란젤로의 「천지창조」

종교가 권력을 가지면서 그 권력을 통해 크고 화려한 건물들이 생겨 났다. 권력자들은 당대의 예술가에게 자신들이 이루어 낸 화려한 역 사와 종교의 심오한 이야기를 건물의 벽과 천장에 그릴 것을 의뢰했 다. 시스티나 성당의 천장화도 화려함을 자랑한 16세기 르네상스에 그려진 작품 중 하나다.

당시의 수많은 벽화와 천장화를 보면 알 수 있듯, 건축물은 하나의 큰 캔버스이자 조각품이었다. 현대의 교회 천장은 수많은 조명만 촘 촘히 배치되어 그다지 바라볼 일이 없지만, 인공조명이 발명되기 이

빛과 사회

전 종교 건축의 천장은 하늘과 신을 상징하는 공간이었다. 어려운 난이도임에도 불구하고 화려하고 아름다운 그림들이 그곳에 그려졌다. 인류 전체의 역사를 보면 우리가 종이나 캔버스에 그림을 그리기 시작한 것은 그리 오래되지 않았다. 인류가 지내 온 아주 오랜 시간 동안, 예술은 대부분 공간과 일체화되어 존재했다.

하지만 어느 시점부터 권력이 왕실과 교회에서 귀족과 개인으로 다양화되면서 그림을 '소유'하고 '매매'한다는 개념이 생기기 시작했다. 또한 캔버스가 만들어지고 물감의 기술이 발전함에 따라, 그림을 고정된 곳에 그리지 않아도 보관할 수 있고, 이동이 가능해졌다. 그림은 서서히 공간과 분리되기 시작했다. 그렇게 건축과 미술은 하나의 개념에서 분리되어 각자의 길을 걸어왔다. 오랜 시간 건축은 건축대로, 그림은 그림대로 영원히 각자의 길을 가는 것 같았다. 하지만 재미있게도 예술이 다시 공간과 하나가 되는 일이 의외의 지점에서 움트기 시작했다.

인류는 전기를 통해 빛을 낼 수 있는 전구를 발명했다. 인공의 빛은 공간을 밝히는 조명으로 발전했지만, 다른 한편으로는 신호등같이 빛을 통해 정보를 전달하는 사인Sign으로 진화해 왔다. 사인 조명은 화면과 영상을 담는 모니터로 발전했는데, 빛을 직접 스크린에 쏘아 화면을 만드는 기술도 생겨났다. 사람이 빛을 자유자재로 조절하기 시작한, 실로 놀라운 발전이었다. 그리고 이런 매력적인 기술을 예술가들이 가만히 놔둘 리 없었다.

호주의 미디어파사드 축제 '비비드 시드니VIVID SYDNEY'

미디어 아트media art라는 새로운 형식의 예술이 등장했다. 이전까지
의 그림이 외부의 빛을 받아 반사하는 방식으로 사람들의 눈에 보이
는 것으로 존재했다면, 이제는 그림 자체가 빛을 낼 수 있는, 심지어
는 살아 움직이며 메시지를 전달하는 방식으로 바뀐 것이다. 처음의
미디어 아트는 모니터로 시작했지만, 기술이 발전하면서 모니터를
벗어나 공간에 뿌려지기 시작했다. 이제 빛이 닿을 수 있는 곳이면
어디든 캔버스가 된다.

현대를 상징하는 도시의 멋진 건축물과 기반 시설은 그 자체로 전

293   빛과 사회

에 없던 예술을 담아내기에 아주 멋진 캔버스가 되었다. 이 미디어 아트는 건축물의 전면에 영상을 만들어 내기에 '미디어 파사드media facade'라고도 불린다. 새로운 시대의 권력인 국가와 자본은 새로운 캔버스와 예술가를 통해 메시지를 전달하고 싶어 했다. 지역과 건물의 상징성을 부여하며, 많은 관광객을 모을 수 있기 때문이다. 기술을 통해 생겨난 새로운 예술이 다시 건축과 미술이 하나가 되도록 만든 것이다.

고대 인류가 자신들의 소망을 동굴 같은 공공의 공간에 벽화로 담았듯, 현재의 인류는 새로 다가올 미래의 모습을 도시의 상징적인 공간에 빛과 미디어로 담는다. 세계 각지의 상징적인 건축물과 공간에 다양한 프로젝트들이 펼쳐지고 있다. 빛이 닿을 수만 있다면 어디나 캔버스가 될 수 있다. 우리가 눈여겨보아야 할 것은 두 가지다. 캔버스는 어떤 의미가 있는가, 또 그곳에 뿌려지는 빛은 어떤 메시지를 담는가.

빛의 채석장으로 불리는, 프랑스의 작은 마을 레보드프로방스Les Baux-de-Provence의 '그랑 퐁Grands Fonds' 채석장은 좀 더 특별한 의미로 다가온다. 본래 이곳은 레보드프로방스 마을과 성을 짓는 데 필요한 흰색 석회석의 주요 공급처였다. 그랑 퐁은 1920년대까지 운영되다가 점차 방치됐고, 1935년에 완전히 폐쇄되었다. 이후 그랑 퐁은 '빛의 채석장(Carrières de Lumières)'으로 새로 태어나 2012년부터 다양한 미디어 아트 전시가 열리고 있다. 1백여 대의 프로젝터와 멀티투사 소프트웨어를 이용하여 채석장의 바닥, 벽, 기둥, 천장 같은 천

빛의 채석장 '그랑 퐁'

연 스크린에 최대 16미터 높이의 수많은 작품이 뿌려진다. 그동안 빛
의 채석장에는 빈센트 반 고흐, 폴 고갱, 파블로 피카소, 구스타프 클
림트, 살바도르 달리에 이르기까지 유명한 예술가들의 작품이 전시
되었다.

석회 동굴에 전시한다는 독특한 발상과 대단한 규모의 전시가 특별한
이곳의 벽화는 왠지 오래전 인류의 동굴 벽화를 떠올리게 한다. 수만
년 전 우리의 조상이, 자연이 만든 석회동굴 벽면에 뾰족한 돌과 색깔
이 있는 열매로 그림을 그렸다면, 현대의 우리는 채석장이라는 인공

빛과 사회

의 석회동굴에 다양한 색깔의 빛으로 그림을 그리고 있는 것이다.

'빛으로 그리는 그림'이라는 새로운 미술의 장르는 이렇게 건축과 미술 공간과 미술을 다시 연결해 주었다. 옛날 동굴의 벽화나 성당의 그림들이 이 시대에 맞게 변화된 또 다른 방식으로 존재하며, 여전히 예술가와 기획자가 하고자 하는 이야기를 아름답게 담아낸다. 그렇게 빛이라는 매개체로 그림은 다시 캔버스를 빠져나와 건축으로, 공간으로 우리의 삶 속으로 다가오고 있다. 사각의 제한된 공간을 넘어 좋아하는 것과 상상하는 것, 의미를 담고 싶은 것, 또 바라는 모든 것을 빛을 통해 어디에든 담아낼 수 있다. 바로 그것이 빛으로 그린 그림, 오늘날 미디어 아트가 가진 큰 힘이다.

우 리 에 게
필 요 한   빛 은
무 엇 인 가

처음 유럽 여행을 가면 누구나 들르는 곳이 있다. 바로 지역의 크고 오래된 성당들이다. 짧게는 몇백 년 길게는 천 년이 넘는 성당도 어렵지 않게 찾아볼 수 있다. 그 공간에 들어가면 인상적으로 느껴지는 시각적, 청각적 그리고 촉각적인 경험들이 있다. 우선 실내 공간이라고 보이지 않을 만큼 넓고 긴 예배당과 그 시절에 이걸 어떻게 지었을까 상상하게 만드는 높은 천장과 돔, 그리고 돌로 지어져 깊고 낮게 울리는 목소리들과 악기 소리들, 약간은 차가운 공기가 이곳이 신성한 공간임을 느끼게 만든다.

또 한 가지 일반적인 건물에서 느낄 수 없는 요소가 있다. 바로 빛이다. 지어질 당시 인공조명이라고는 초와 기름 램프가 전부였기에, 이 시기의 건축물은 필연적으로 자연광에 대한 깊은 고민 위에 지어졌다. 건물의 깊이와 창의 높이, 방향, 돔의 형태와 돔 옆에 나 있는 창문들, 그리고 천장에 그려진 수많은 장식과 그림들, 또한 아름답게 반짝이며 빛나는 스테인드글라스까지 보다 보면 어두운 건물 내부에 창이 하나하나의 조명이 되어 공간을 어루만지고 있는 것을 느낄 수 있다.

전기를 사용한 인공조명이 개발되기 전에는 인류에게 자연광은 무엇보다 소중한 광원이었다. 초나 기름을 사용한 램프는 사용하기에

빛과 사회

인공조명이 없던 시대의 건물은
자연의 빛을 실내에 들이는 것에
많은 고민을 담고 있다.

도 불편할뿐더러 무엇보다 광량이 부족했다. 집처럼 작은 공간이라면 모를까, 성당 같은 큰 건물에는 더욱 그러했을 것이다. 당시의 건축가들은 어떻게 하면 자연의 빛을 실내에 최대한 끌어들일 수 있는지 연구했고, 그렇기 때문에 건축물의 방위와 창의 높이, 크기 등을 무엇보다 중요하게 생각했다.

하늘과 태양은 그 자체로 하나님 또는 신을 의미했기 때문에 어둠 속의 빛은 인류에게 축복과 같았다. 왕이든 가난한 사람이든 이 땅 위에 있는 사람은 모두 동등하게 빛을 받았다. 빛은 어둠을 밝혀 주고, 따뜻한 온기를 내어 주며, 논밭의 작물이 자랄 수 있는 근원적인 에너지였다. 한번 내리면 빈 곳 없이 구석구석 이 땅을 적시는 비와 더불어 하늘의 빛은 모든 사람이 누릴 수 있는 보편적 축복이었다.

인류는 꾸준히 발전했고, 인류가 철을 다루기 시작하면서 새로이 생겨난 '철근+콘크리트'라는 놀라운 조합은 도로, 교량, 항만 등의 기반 시설부터 사람이 일하고 살아가는 건물에 이르기까지 그 형태와 규모를 획기적으로 변화시키며 20세기 도시와 인류의 모습을 바꾸었다.

빛 역시 새로운 변화를 맞이했다. 하늘에서만 내려오던 빛을 이제는 인간이 만들어 낼 수 있게 되면서 설계할 때부터 수많은 요소를 고려해야 했던 이전과 달리, 전기만 들어오면 실내는 너비와 층고, 구조 관계없이 어느 공간이나 빛을 들일 수 있게 되었다. 이제는 도저히 깊은 안쪽에는 햇빛이 들어갈 수 없을 듯한 상자 같은 건물을 짓더라도 천장에 균일하게 조명과 전선을 배치하면 빛은 큰 문제가 되지 않는 시대에 살고 있다. 그렇게 인류에게 빛은 더 이상 신이라는 존재만 내려 줄 수 있는 축복이 아니라, 누구나 원하는 때에 원하는 만큼 사용할 수 있는 생활필수품이 되었다.

인공조명이 바꾼 또 하나는 생활할 수 있는 시간이 변화했다는 점이다. 해가 지는 것을 하루가 끝났음과 동등하게 표현하는 '날이 저물다'라는 표현은 이제 현실성을 잃은 지 오래다. 이제는 해가 저문다 할지라도 우리의 날은 쉬이 저물지 않는다. 마음만 먹으면 24시간 해가 지지 않는 공간도 가능하다. 해가 진 뒤에도 인류는 한참을 더 깨어 활동할 수 있게 되었고, 반대로 아침에 해가 뜨더라도 암막 커튼을 치고 눈을 뜨지 않는 시대를 살게 되었다.

인공조명이 개발되면서 '지하 공간'이라는 장소의 확장 역시 비약적으로 증가했다. 생각해 보면 우리가 자연스럽게 사용하는 지하보도, 지하철, 지하 주차장 같은 공간은 전기를 통한 조명이 없었다면 사실상 활용하기 어려운 공간이다. 어두웠던 지하 공간은 점차 건축과 조명 그리고 환기 설비의 발전으로 화려한 조명의 대규모 쇼핑 공간들로 사용되기에 이르렀다. 빛으로 인해 우리의 공간은 이전보다 확대되고 자유로워졌다.

하지만 이렇게 편리해진 빛이 한편으로는 자연광에 대한 무관심으로 이어지기도 했다. 어두운 곳을 '밝게' 만드는 것은 이제 인류에게 가장 쉬운 일이 되었다. 하지만 그만큼 밝히는 것에만 만족한 채, 좋

지금처럼 쾌적한 지하 공간의 사용은 인공조명의 발전이 없었으면 불가능한 일이었다.

은 빛에 대해서는 소홀해지는 면 역시 존재했다. 효율만 생각한 채 최대한 넓고 크게만 지어진 뒤, 무심하게 설치된 우리의 사무실과 주거 공간의 조명들이 그렇다.

하지만 그 자연광에 대한 무관심도 점차 새로운 국면을 맞이하고 있다. 지구온난화와 에너지 절약, 지속 가능성에 대한 이야기들은 자연광 사용에 대한 연구를 다시 시작하게 만들었다. 중정과 성큰20의 유행은 단지 자연광을 실내로 들이는 미학적 요소뿐 아니라 조명 사용 축소와 원활한 환기로 인한 에너지 감소 측면까지 생각한 결과다.

---

20   지하에 햇빛이 잘 들어오도록 만든 공간

빛과 사회

창문이 없었던 백화점은 몰mall의 문화로 넘어가며 천장을 열어 자연광이 들어오는 공간들을 만들었고, 지하철 역시 중간중간 자연광이 유입될 수 있도록 하는 광 천장이 설치되고 있다. 빛은 들이고 여름철의 뜨거운 온도는 들이지 않기 위한 다양한 연구 역시 계속되고 있다. 반도체를 사용한 LED 램프는 비약적으로 높아진 효율과 긴 수명, 그리고 다양한 색상과 함께 다양한 크기로 제작이 가능하다는 장점이 있다. 그리고 이러한 기술도 지속적으로 연구, 발전을 거듭하고 있다. 또 다른 한편에서는 'IoT'라 불리는 사물 인터넷의 발달로 데이터를 기반으로 자유롭게 제어가 가능한 조명들이 개발돼 우리 삶에 더 깊숙이 들어와 있다. 이외에도 코로나 19로 더 부각된 자외선을 사용한 소독 시스템과 조명을 통해 구현되는 더 빠르고 정확한 통신 시스템 등 보다 광범위한 빛의 발전과 그로인한 사회의 모습은 그 어느 때보다 활발하게 변화하고 있다.

에디슨이 처음 전구를 만든 해가 1879년이다. 140여 년이라는 인공조명의 역사는 단순히 인류를 밤의 어두움에서 해방시켜 준 것을 넘어 우리가 사는 공간의 형태와 삶의 모양, 인류가 사용하는 공간과 시간의 영역을 확장시켜 주었다. 그런데 이는 건축과 가구의 역사에 비해서는 매우 짧은 시간이다. 하지만 인류가 다루는 인공조명의 기술은 점차 발전하여 그 종류와 성능, 역할과 영향이 점차 넓어지고 있다. 조명이 발전함으로 인해 변화될 사회와 우리 삶의 모습은 어쩌면 이제 시작 단계에 있을지도 모른다.

이제 빛은 너무나 쉽게 만들 수 있으며 누구나 쉽게 사용할 수 있는 존재로 여겨지는 시대다. 하지만 그로 인해 빛과 사람, 공간과 사회에 대한 이해 없는 무분별한 빛이 난무하는 시대가 된 것도 부정할 수 없는 사실이다. 결국, 우리가 눈으로 보는 모든 것은 빛이다. 엉성하고 부족한 빛은 우리가 보는 세상이 아직 엉성하고 부족하다는 것을 의미한다. 우리에게 더 나은 빛이 필요한 이유다.

눈부신 기술 발전과 더 나은 삶을 갈망하는 이 시점에 우리가 끝없이 해야 하는 질문은 이것이다. 우리에겐 어떤 빛이 필요한가? 빛과 사람, 공간과 사회에 대한 이해를 바탕으로 빛을 대할 때, 분명 우리는 지금보다 더 멋진 빛의 얼굴들을 만나게 될 것이다.

참고 문헌

p112 ★ 『IES Lighting Handbook』(1947), 조명공학회Illuminating Engineering Society

p116 ★ "Why should emergency exit signs be green, not red?"(2020), HSE 화재 예방 HSE & Fire Protection 홈페이지 참조 www.safeworldhse.com

p129 ★ 『미술관에 간 과학자』(2018) 5장 '정지화에서 움직임과 시간을 느끼다', 미우라 가요, 아트북스

p203 ★ "Master Your Sleep & Be More Alert When Awake | Huberman Lab Podcast #2."(2021), Andrew Huberman, www.youtube.com/watch?v=nm1TxQj9IsQ

p214 ★ Influence of ambient lighting in a vehicle interior on the driver's perceptions. Munich, Germany: BMW Group, Knorrstrasse(2010), L. Caberletti

p266 ★ 논문 「Competitive interactions between artificial lighting and natural cues during seafinding by hatchling marine turtles」(2005), Tuxbury & Salmon

p267 ★ 논문 「The impact of artificial light at night on nocturnal insects: A review and synthesis」(2018), Avalon, Ecology and Evolution

p271 ★ 『인간이 만든 빛의 세계사』(2013), 제인 브룩스, 을유문화사

★★ 논문 「인공적인 빛 노출이 백합나무의 광합성과 잎의 미세구조에 미치는 영향」(2014), 곽명자, 한국산림과학회

p275 ★ 『인간이 만든 빛의 세계사』

p281 ★ 고종이 경복궁 불을 밤새 밝힌 까닭… '심야 변란이 무서워서'(2020. 11. 24), 경향신문

- Apple(2021), Apple.com.

- Carrières de Lumières(2016), www.carrieres-lumieres.com

- Louispoulsen(2021), www.louispoulsen.com

- 『건축조명개론(Concept in Architectural Lighting』(1992), M. David Egan, 기문당

- 〈Abstract: The Art of Design〉(2020), Olafur Eliasson. Netflix. 영상 속 작품: 올라퍼 엘리아슨의 「모노크롬Monochrome」

- SIGNIFY(2019). "SIGNFY Lighting Academy." SIGNIFY (Philips Lighting).
- '1991년 러셀 포스터 교수의 눈먼 쥐의 일주리듬에 미치는 빛의 영향 확인'(2015.8.30.), 동아사이언스
- 『미술가를 위한 빛의 이해와 활용』(2014), 리처드 요트, 비즈앤비즈
- 『햇빛의 과학(Chasing the sun)』(2019), 린다 게디스, 해리북스
- 『빛 이야기(The story of light)』(2001), 벤 보버, 웅진닷컴
- 『화성의 인류학자』(2015), 올리버 색스, 바다출판사
- 『신록예찬: 이양하 수필선』(1972), 이양하, 을유문화사,
- '조명발 실험카메라(Philips Light over video)'(2013), 필립스 라이팅
- 『우리의 밤은 너무 밝다』(2021), 아네테 크롭베네슈, 시공사
- 서울시 빛공해환경영향평가 용역 요약 보고서(2020), 서울시
- '비비드 시드니(VIVID SYDNEY)'(2020), 호주 관광청, www.australia.com

도판 출처

8, 15, 19, 28, 31, 39, 43, 80, 85, 88, 91, 97, 106, 109, 142, 148, 151, 158, 165, 200, 205, 224, 229, 233, 234, 236 위, 239, 301 © 박슬기

102, 189 © 박슬기 (브리드인제주/지랩 설계)

122 © 박슬기 (스테이어라이브/이룩 설계)

137 © 박슬기 (비플러스엠)

16, 17, 37, 48, 53, 55, 64, 65, 83, 84, 93, 95, 112, 118, 119, 155, 156, 167, 168, 170, 171, 180, 184, 186, 193, 196, 203, 210, 212, 218, 211 아래, 223, 236 아래, 244, 245, 248, 262, 282 © 조수민

24, 45 © NASA

33 넷플릭스 〈아트 오브 디자인Art of Design 시즌 2〉 예고편

40 © 스튜디오미콘

47 © Gregory H. Revera / Wikimedia Commons

59 네이버 영화, 〈건축학개론〉 스틸컷

68 © 작가 김동규 / 사진 조수민

69 © Glas Italia

66 하단 왼쪽 © 네이버 영화, 〈아바타〉 스틸컷

66 하단 오른쪽 © Maximilian Schönherr / Wikimedia Commons

114 애플 홈페이지

125 구글 홈페이지

145 © @uno.loves

163 © 스튜디오미콘

176 © 필립스 라이팅

208 © 동명전기RAAT

214 메르세데스 벤츠 홈페이지

221 위, 톰 딕슨 홈페이지

241 루이스폴센 홈페이지

242 위 © grabadonut / Wikimedia Commons

242 아래 © Andreas Praefcke / Wikimedia Commons

295 © Immersivearteditor / Wikimedia Commons

도판 구매처: 게티이미지코리아, shutterstock

본 출판사가 구매한 이미지와 의뢰해서 그린 이미지는 출처를 표기하지 않았습니다. 일부
저작권자가 불분명한 도판이나 연락을 취했으나 답변을 받지 못한 경우, 저작권자가 확인되거나
답변이 오는 대로 별도의 허락을 받도록 하겠습니다.